공부는 어떻게 내 삶을 바꾸었나

공부는
어떻게
내 삶을
바꾸었나

전교 꼴찌,
판사 되다

이종훈 지음

북카라반
CARAVAN

개정판을 내며

 이 책은 2012년 『인생은 야구처럼 공부는 프로처럼』이라는 제목
으로 출간되었던 책의 제목을 『공부는 어떻게 내 삶을 바꾸었나』로
변경하고, 일부 내용을 수정 · 보완한 것이다.

 처음 이 책을 출간하고 6년 이상의 시간이 지났고, 그동안 개인적
으로 여러 가지 일들이 있었다. 직업도 사법연수원생에서 변호사로,
변호사에서 판사로 바뀌었다. 상당한 시간이 지나 책을 다시 읽어보
니 별 내용이 없어 조금 민망하다. 공부 방법이라고 적어 놓은 것들
도 공부를 조금 하는 사람들이라면 누구나 알고 있는 내용일 것이다.

 하지만 나는 공부를 처음 시작할 때 이러한 당연한 내용조차 알지
못해 어려움을 겪었다. 지금도 예전의 나와 같이 기본적인 공부 방
법조차 알지 못해 힘들어 하는 학생이 수없이 많을 것이라고 생각한
다. 아무쪼록 이들이 이 책을 통해 실질적인 도움을 받고, 내가 성장
했던 과정을 보면서 간접적으로나마 희망을 갖기를 바란다.

프롤로그

    사람의 앞날이란 때론 자신이 전혀 예상하지 못했던 방향으로 흘러가기도 한다. 고등학교 시절 전교 755명 중 750등이었던 야구선수가 사법시험에 합격하고, 변호사로 생활을 하다가 현재는 판사로 일하고 있으니 말이다. 초등학교 5학년 때 야구선수 생활을 시작했고, 그 후로 고등학교 2학년이 끝나갈 무렵까지 약 7년간 프로야구 선수를 꿈꾸며 땀을 흘렸지만, 결국 꿈을 이루지 못해 좌절하게 되었다. 그 당시에는 야구선수에 대한 꿈을 포기하게 된 좌절감도 컸지만, 처음 시작하는 공부에 대한 막막함 또한 말로 표현할 수 없을 정도였다.

    어떤 사람들은 내가 학창시절에 야구선수를 하지 않았더라면 분명 공부를 더 잘했을 거라는 이야기를 하기도 한다. 하지만 야구선수를 했기 때문에 지금의 내가 있다고 생각한다. 나는 야구를 시작하기 전에는 끈기가 없고 참을성도 없는 그런 아이였는데, 야구를 하면서 끈기와 근성을 익히게 되었고, 이것이 공부를 하는 데 큰 도움이 되었기 때문이다.

사실 노력만 있다면 못해낼 일은 없다. 쉽게 좌절하고 포기해버리는 게 문제다. 시간의 길고 짧음에는 차이가 있을 수 있겠지만, 포기만 하지 않는다면 누구나 목표로 한 것을 달성할 수 있다. 경험해보지 않아 두려운 미래에 대해 지레 겁을 먹기보다는 '까짓 거 하면 되지, 할 수 있어'라는 자신감을 갖는 것이 도전의 첫걸음이 아닌가 싶다.

이 책을 읽는 독자들 중에서 나만큼 공부를 못했던 사람은 거의 없을 것이다. 이 책을 통해, 야구선수를 포기하고 전교 꼴찌에서부터 공부를 시작하면서 느꼈던 좌절감과 이를 극복해내게 된 과정을 소위 '공부 못하는 학생들'에게 보여주고 싶다. 내가 특별하다고 생각하지는 않는다. 누구나 마음만 먹으면 해낼 수 있는 일이라고 생각한다. 처음 해보는 공부에 대한 막연함을 극복해내는 것이 첫걸음이 되지 않을까 싶다. '타고난 꼴찌'는 없다. 무언가 엄청나고 대단한 노력이 있어야만 하는 것도 아니다. 최소한의 성실성과 노력만 있다면 누구든지 해낼 수 있다. 이 책을 전국의 수많은 꼴찌에게 바친다.

차 례

1st

포기는
습관이다

끝날 때까지는 끝난 게 아니다

— 요기 베라, 전 뉴욕 양키스 포수

내가 어린 시절 야구선수를 하지 않았더라면 지금 어떤 삶을 살고 있을까. 머릿속에 잘 그려지지 않는다. 지금보다 나은 삶을 살고 있을까. 나는 어린 시절 야구를 시작하기 전에는 '의지박약아'라고 불러도 좋을 정도로 의지력이 약했다. 하기 싫은 건 전혀 하지 않았다.

특히 공부는 나하고 거리가 먼 이야기였다. 학교에 숙제를 해 가는 일도 거의 없었다. 학교에 가서는 매일 같이 숙제 검사에 걸려 담임 선생님께 혼이 났다. 그리고 나서도 집에 돌아오면 다시 숙제를 하지 않고 놀려 다녔다. 혼이 나는 건 다음 날의 문제일 뿐이었다. 부모님이 등록해주신 학원도 빼먹기 일쑤였다.

어렸을 때 살았던 우리 집은 초등학교와 담 하나를 사이에 두고 맞닿아 있었다. 창문을 열면 학교 운동장이 훤히 들여다보였다. 그래서 어렸을 때는 집에 있는 것보다 운동장에서 보내는 시간이 훨씬 많았다. 야구, 축구, 농구 등 온갖 운동을 좋아했는데 그중에서도 가장 좋아하는 운동은 야구였다.

비가 오면 비를 맞으면서 야구를 했고, 눈이 오면 아침 일찍 운동장에 나가 눈을 치우고 야구를 했다. 초등학교 저학년 때는 말랑말랑한 고무공을 주먹으로 치는 야구와 유사한 게임(우리는 이 게임을 '찜뽕'이라고 불렀다)을 하다가 3학년 정도부터는 배트와 글러브를 갖춰서 본격적으로 동네 야구를 하기 시작했다. 부모님 몰래 학원을 빼먹고 야구를 하다가 들켜서 매를 맞은 적도 한두 번이 아니었다. 거의 야구에 미쳐 있었다.

어렸을 때는 일찍 자고 일찍 일어났는데, 새벽 5~6시면 벌떡 일어나서 야구공을 들고 운동장에 나갔다. 당시에는 학교 운동장 개방시간이 있어서 아침 7시 정도가 돼야 운동장을 개방했는데, 운동장 개방시간을 기다리지 못해 학교 운동장 담을 넘어 들어가서 야구를 했다. 일찌감치 혼자 야구 연습을 하고 있으면, 곧이어 조기 축구를 하는 아저씨들이 운동장을 점령했다. 그러면 나는 학교 건물 뒤편에 있는 조그마한 공터에서 야구 연습을 했고 시간이 지나면서 야구를 같이 하는 친구들도 하나둘씩 운동장으로 나오기 시작했다. 그렇게 하루하루를 보냈다. 왜 그렇게 야구가 좋았는지 모르겠다. 아마도 워낙 활동적인 성격이어서 그랬던 것 같다. 야구선수를 시작하기 이전의 어린 시절에 대한 기억은 온통 야구뿐이다.

초등학교 저학년 때였다. 아버지가 일본에 출장을 다녀오시면서 게임기를 하나 사오셨다. 게임기에는 여러 가지 게임이 있었지만, 그중에서 가장 좋아하는 게임은 당연히 야구 게임이었다. 부모님은 너무 게임만 하면 좋지 않다고 하시면서 게임기를 안방에 가져다두셨는데, 나는 새벽같이 일어나서 안방에 살금살금 들어가 야구 게임을 했다. 새벽에는 같이 야구를 할 사람이 없기 때문에 일단 야구 게임이라도 하며 시간을 보내다가 운동장에 친구들이 하나둘 모이는 시간이 되면 배트와 글러브를 들고 운동장으로 뛰어나갔다. 내가 가장 좋아하는 선물도 당연히 야구용품이었다. 글러브와 배트 그리고 테니스공이 동네 야구를 하는 데 있어 필수품인데 매일같이 야구를 하다 보니 테니스공을 금방 잃어버리거나 못 쓰게 되곤 했다. 하루는 아버지에게 생일선물로 테니스공을 한 아름 받고 뛸 듯이 기뻐했던 기억이 난다.

지금은 스포츠채널에서 매일 야구중계를 해주지만 당시에는 토요일과 일요일에만 지상파에서 야구중계를 했다. 주말이면 항상 텔레비전 앞에 앉아 프로야구를 보면서 선수들 타격 자세를 기억해두었다가 야구가 끝나면 득달같이 운동장으로 달려 나가 그대로 따라 해보기도 했다.

당시 초등학교 운동장에 나가면 항상 야구를 같이 하는 친구들이 있었다. 그땐 지금처럼 휴대전화 같은 연락 수단이 없었지만 특별히 연락하지 않더라도 친구들 중 몇 명은 늘 운동장에 모여 있었다. 그래서 야구방망이와 글러브만 있으면 멤버는 크게 문제 되지 않았다.

그런 점에서 창문만 열면 학교 운동장이 훤히 들여다보이는 우리 집은 매일 같이 야구를 하기엔 최적의 장소였다. 야구를 하러 갈 때도 학교 정문으로 돌아가지 않고 우리 집과 학교 사이의 담을 넘어가면 되었다(물론 학교 경비 아저씨에게 들켜서 혼이 난 적도 많다).

아버지는 운동을 좋아하셨다. 웬만한 운동은 다 잘하시는 편이고, 관심도 많으셨다. 그래서 이런 나를 나쁘게만 보지는 않으셨던 것 같다. 야구에 미쳐 있던 초등학교 5학년 어느 날이었다. 그날도 다른 날과 마찬가지로 친구들과 야구를 하다 어둑어둑해질 무렵 야구배트와 글러브를 들고 집으로 돌아왔다. 아버지께서 나를 부르시더니 "그라운드에서 뛰다 죽을 각오로 야구선수 한번 해볼 생각이 있느냐"고 물으셨다. 나는 고개를 끄덕였다. 그렇게 해서 나의 야구선수 생활이 시작되었다.

예전에 수능시험을 공부할 때 영어 독해 문제집에서 이런 글을 본 적이 있다.

"엄청나게 넓은 황무지에 잡초가 수없이 많다. 그 잡초를 다 뽑아야 하는 일을 부여 받은 두 일꾼이 있었다. 시간이 며칠이 걸릴지 모르는 일이었다. 잡초를 하나 뽑을 때마다 저 멀리 황무지 끝에 있는 잡초들을 바라보며 '언제 이걸 다 뽑지'라고 생각을 한 사람은 얼마 가지 않아 포기하게 되었다. 반면에 '다른 생각은 하지 말고 눈앞에 보이는 잡초부터 하나씩 뽑아가자'라고 생각했던 한 사람은 눈앞에 있는 잡초 하나하나에 집중했고, 얼마간의 시간이 흘러 그 넓은 황무지에 있는 잡초를 모두 뽑게 되었다."

대략 이런 취지의 글이었다. 강산이 변하고도 남을 시간이 흘렀음에도 그 내용이 아직도 기억에 남아 있는 것을 보면 그때 어지간히도 가슴에 와닿았던 모양이다.

처음 공부를 시작할 때는 공부해야 할 것들이 너무 많아서 '언제 이걸 다 공부하지?', '내가 지금 열아홉 살인데 중학교 1학년 과정부터 공부해서 어느 세월에 수능시험을 보지?'라는 생각도 많이 했었다. 전교 755명 중 750등. 사실 나보다 공부를 못했던 사람은 보기 어려울 것이다. 공부를 처음 시작하기로 마음먹었을 때의 막연함이란 마치 엄청나게 넓은 황무지에 있는 잡초들을 모두 뽑아야 하는 임무를 부여 받은 일꾼의 심정이었다고 할까?

누구나 시작이 어려운 법이다.
자신감을 갖자.
눈앞에 있는 잡초들을 하나씩 뽑아간다면
어느샌가 끝이 보일 것이다.

🥎 포기는 습관이다

아버지와의 약속과 달리, 나는 처음 야구선수가 되었을 때만 해도 '의지박약아'의 면모를 여실히 드러냈다. 내가 다니던 초등학교에는 야구부가 없었다. 그래서 부모님께서는 내가 초등학교 5학년 때 야구부가 있던 강남초등학교로 전학을 보내주셨는데, 그곳에서 처음 야구선수로서 생활을 시작했다. 본격적으로 야구선수 생활을 시작하기 전에는 야구가 던지는 것과 치는 것만 있는 줄 알았다. 그런데 막상 훈련을 시작해보니 그 두 가지를 잘하기 위한 기초 체력훈련이 훨씬 많았다. 그중에 하나가 바로 장거리 러닝이었다.

장거리 러닝을 뛰면서는 '포기할 것인가 완주할 것인가?', '잠깐 좀 걷거나 천천히 뛰어도 되지 않을까?'라는 생각이 머릿속을 떠나지 않았다. 한참을 뛰다보면 심장은 터질 것만 같고, 다리는 한없이 무거워졌다. 아무리 힘을 내도 다리가 앞으로 나가지 않았다. 그만 뛰었으면 좋겠다는 생각을 수도 없이 했다. 실제로도 장거리 러닝을 하면서

강남초등학교 6학년 때 목동야구장에서

조금만 힘이 들면 속도를 늦추거나, 뛰지 않고 걸었다. 이른바 '농땡이'를 부리는 아이였다.

초등학교 운동장이 그리 넓지 않았기 때문에 장거리 러닝을 할 때는 학교 운동장에서 시작해서 언덕을 올라가 언덕 위 운동장을 뛰고 계단을 내려와 다시 학교 운동장에 이르는 코스를 많이 이용했다. 언덕 위로 올라가면 밑에 있는 운동장에서는 위에 있는 운동장이 보이지 않았기 때문에 감독님의 감시망에서 벗어날 수 있었다. 나는 언덕 위에 있는 운동장에 진입하면 뛰지 않고 걸었다. 가뜩이나 힘든데 언덕을 끝까지 뛰어 올라가면 숨이 차올라 더는 뛰기가 어렵다고 스스로 생각했다. 뛸 수 없다는 생각이 들면 바로 포기했다. 나는 그 이후로 초등학교를 졸업하는 날까지 언덕 위 운동장에서 제대로 뛰어본 적이 없었다. 포기가 습관이 되었다.

사랑하는 종훈아 -*

강남야구부 이종훈 타율율=3.78

홈런왕 =이종훈

2번이고 피쳐와 라이트필더를 겸한선수 이종훈

장래의 야구선수에게 꼭따라붙는 꼬리표

선수의 시합모습을 보지않아도 한눈으로 보고 평가할수있는 지름길이지

그것이 바로 평소에 쌓아놓은 실력이기때문이지

좋은결과란 본인의 많은 노력이 필요한 자기와의 싸움에서 승리할수있는

선수만이 간직할수있는법이란다.

우리의 일상사가 주어진 24시간을 어떻게 효율적으로 이용하느냐에따라

성공과 실패의 두길로 나뉘어질수밖에 없는거란다.

성경말씀에 "고난가운데 더큰 축복을 예비해놓으시는 주님"이라는 말씀이있단다.

어차피 주어진 과제라면 그것을 어떻게 받아들이느냐에따라 상반되는

결과를 낳게되는것을 우리는 종종 볼수있게된다.

왜냐하면 본인이 얼마나 기쁜마음으로 하느냐에 따라 능률의 차이는

180도 달라지게되기때문이지 .

사랑하는 종훈아-*

매사에 의존적이되지말고 적극적인 자세로 임하는 아들이되었으면한다.

뜨거운 태양아래서 누가더많이 인내와 끈기로 무더위와의 싸움에서

승리할수있느냐에따라 좋은 기대를 할수있는 9월의 시합이 종훈이에게

손을 내밀게 되리라 여긴다 .

정신력과 체력의 싸움이니만큼 평소의 꾸준한 노력이 절대 필요하단다 .

지난 동계훈련도 거뜬이 이겨낸 종훈이를 엄마는 의심하지않고 믿기토했단다

자랑스러운 우리아들 이종훈 화이팅-*

       1993,7,17,   종훈이의 영원한 FAN-*

                                     엄마가.....

🄑 내 꿈은 타격왕

   내가 야구를 하기 위해 전학을 간 강남초등학교는 당시 서울에서 꽤 잘하는 야구팀 중 하나였다. 나보다 1학년 위인 6학년 중에는 삼성 라이온즈에서 투수로 활약했던 구자운 선배가 있었기 때문이다. 그 당시 신일초등학교에는 엘지 트윈스에서 활약했던 봉중근 선수가 있었고, 화곡초등학교에는 지금 삼성 라이온즈에서 뛰고 있는 권오준 선수와 엔씨 다이노스에서 뛰고 있는 손시헌 선수가 있었는데, 우리 학교를 포함해서 세 개 학교가 항상 돌아가며 우승을 했던 걸로 기억한다. 초등학생 때부터 뛰어나게 잘하던 선수들은 대체로 중·고등학생 때도 이름을 날리고 프로에 가서도 뛰어난 실력을 발휘하게 되는 것 같다.

강남초등학교로 전학을 가서 야
구부에 들어가기 위해 형식적인
테스트를 했다. 감독님이 야구공
하나를 주시면서 저쪽 멀리까지
힘껏 던져보라고 했다. 나는 팔을
몇 번 붕붕 돌린 다음, 있는 힘껏
야구공을 던졌다. 내가 공을 던지
는 것을 보고 감독님도 꽤 만족하
셨다. 그럴 만도 했던 것이 아무리 동네 야구였다고 해도 그동안 매
일같이 야구를 하면서 어깨가 꽤 단련되어 있었기 때문이었다.

난 처음부터 투수를 했던 건 아니고 처음에는 중견수와 1루수를
맡았다. 그러다가 6학년에 올라가면서부터 왼손잡이인 나를 눈여겨
보신 감독님의 발탁으로 투수를 하게 되었다. 초등학교 때는 나름
잘 던지는 투수 중 한 명이었다.

초등학교 6학년 때였다. 아버지가 책을 한 권 사주셨는데, 재일교
포인 장훈 씨가 일본에서 프로야구선수로서 성공하기까지의 이야기
를 담은 『일본을 이긴 한국인』이라는 책이었다. 일본인으로의 귀화
를 거부한 채 야구선수로서는 치명적인 약점인 오른손 새끼손가락
장애를 딛고, 일본 프로야구 최고의 선수가 되었다는 내용이다. 장
훈 씨는 일본 프로야구에서 23년간 선수로 뛰면서 통산 타율 0.319,
통산 홈런 504개, 통산 안타 3,085개를 기록한 입지전적인 인물이
다. 나는 그 책을 수도 없이 읽으면서 꿈을 키워갔다.

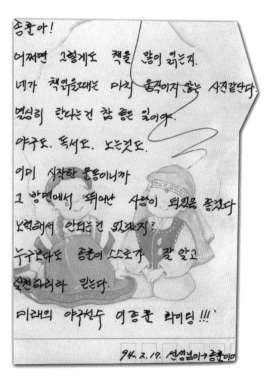

초등학교 6학년 담임선생님께 받은 엽서

　장훈 씨가 나와 같은 왼손 타자였기 때문인지는 몰라도 책 내용 속으로 빨려 들어가는 것 같았다. 거의 몇 년간 시간이 있을 때마다 꺼내서 읽었다. 거짓말을 조금 보태면 한 백 번은 읽었던 것 같다. 책에서 장훈 씨가 소개한 훈련 방법들을 하나하나 따라 해보았다. 장훈 씨의 타격 자세를 머릿속에 그려가면서 밤마다 배트를 휘둘렀다. 야구를 하면서 투수보다는 타자 쪽에 더 관심을 가지게 된 것은 이 책의 영향이 컸다.

⚾ 한계도 넘어본 사람이 넘는다

서울 상도동에 있는 강남초등학교에서 야구를 했던 아이들은 대체로 근처에 강남중학교 또는 성남중학교로 진학했다. 나는 대방동에 있는 성남중학교로 진학하게 되었다. 내가 살던 동작구에서는 꽤 유명한 사립학교다. 나중에 고등학교 역시 성남고등학교로 진학하게 되어 6년에 가까운 시간을 같은 학교에서 보냈다.

중학교 1학년 여름쯤 되었을까? 우리 팀 감독님이 바뀌었다. 프로야구팀에서 성적에 책임을 지고 감독이 바뀌는 일이 비일비재한데, 아마추어 야구에서도 프로만큼은 아니지만 성적에 따라 종종 감독님이 바뀌는 경우가 있다. 감독님이 바뀌면서 코치님도 함께 바뀌었는데, 이때 중·고등학교시절 야구를 하면서 내게 큰 영향을 주신

유상준 코치님과 만나게 되었다. 당시 상무에서 갓 제대해 군복을 입고 우리 앞에서 자신을 소개하시던 모습이 눈에 선하다. 나중에 내가 고등학교로 진학할 때는 중학교 코치에서 고등학교 코치로 같이 오시게 되었고, 그래서 나와는 중·고등학교 시절을 계속 함께하게 되었다. 코치님은 야구의 기술적인 부분뿐만 아니라 정신적인 부분을 많이 강조하셨는데, 그때 코치님께 지도를 받으면서 정신적인 부분이 강해질 수 있었다.

장거리 러닝도 중학교에 올라가서는 초등학교 때보다는 더 잘 뛰게 되었다. 힘들 때 참아내는 방법을 조금씩 깨우쳐갔다. 그렇게 조금씩 의지력과 근성이 생겼다. 중학교에서 고등학교로 진학해서는 예전보다 훨씬 잘 뛰게 되었다. 단거리 러닝에서 빠르고 느리고의 차이는 기본적으로 선천적인 요인에서 생긴다. 물론 연습을 함에 따라 나아지기는 하지만, 타고난 차이를 극복하기가 쉽지 않다. 하지만 장거리 러닝은 다르다. 끈기와 참을성이 얼마나 있느냐에 따라 장거리 러닝을 잘 뛰는지 못 뛰는지 결정된다.

포기는 습관이다. 포기하는 사람은 계속 포기한다. 반대로 한 번이라도 한계를 넘어본 사람은 계속 한계를 뛰어넘을 수 있게 된다. 장거리 러닝을 하면서 자신의 한계와 마주친다. 숨이 막히고 다리가 무거워서 도저히 뛸 수 없을 것 같다는 생각이 들 때 속도를 늦추면 그 사람은 절대로 실력이 늘지 않는다. 심장이 터질 것 같고 더 이상 뛸 수 없겠다는 생각이 드는 바로 그 순간에 더 힘차게 발을 차올려야 한다. 죽을 것 같지만 절대 죽지 않는다. 그 과정을 거치고 나면 다음 번 장거리 러닝을 뛸 때는 이전보다 더 잘 뛸 수 있게 된다. 종전에 넘었던 한계를 다시 넘는 건 처음만큼 어렵지 않다. 그것을 중학교에서 고등학교로 진학할 무렵 깨달았다. 사람은 가보지 않으면 갈 수 없다. 넘어서보지 못한 사람은 계속 넘어설 수 없다.

힘든 것을 재미있게 하는 법도 배웠다. 중학교 때 유상준 코치님이 부임하시면서 특이한 것을 주문했다. 러닝을 하면서 기합을 넣으라는 것이었다. 러닝을 하면서 숨이 목구멍까지 차오르는데 기합까지 넣으라니……. 처음에는 잘 이해가 가지 않았다. 그런데 '기합'이라는 것이 정말 신기했다. 숨이 막혀오는 그 순간에 악을 쓰면서 소리를 고래고래 지르니 오히려 힘이 솟았다. 글만으로는 잘 이해가 되지 않을 수도 있는데, 정신적인 측면이 많이 작용하는 것 같다. 장거리 러닝을 하면서 마지막 한 바퀴가 남은 포기하고 싶은 그 순간에 기합을 넣으며 오히려 더 힘껏 달리기 시작한다. 힘들지만 무언가 시원하다고 할까?

코치님이 하신 말씀이 있다. 운동을 마치는 그 순간에는 서 있을 힘도 없을 정도로 자신이 가지고 있는 모든 에너지를 다 쏟아 붓고 운동장을 떠나라고. 장거리 러닝은 운동 코스 중 가장 마지막에 하는 운동이었기 때문에 러닝을 마치면 그날 운동은 끝이었다. 그래서 뛰면서 내가 가진 모든 에너지를 다 쏟아 넣는다고 생각하며 뛰었다. 더는 뛰기 어렵다는 생각이 드는 그 순간 머릿속으로 내게 반문했다.

"내가 여기서 멈추면, 서 있기도 어려울 정도로 내 모든 에너지를 쏟아 부은 것인가?" 아무리 생각해봐도 그건 아니었다. 마지막 땀 한 방울까지 쥐어짜듯 뛰었다. 그렇게 한계의 순간을 이겨내는 법을 깨우쳤다. 사람은 마음먹기에 따라 달라진다. 할 수 없다고 생각하면 할 수 없게 되지만, 할 수 있다고 생각하면 정말로 해내게 된다.

야구를 그만두고 공부를 하면서도 야구할 때 배웠던 것들을 그대로 써먹을 수 있었다. 운동과 공부, 어찌 보면 전혀 다른 분야지만, 궁극적으로 자기 자신과의 싸움에서 이겨야 한다는 공통점이 있다. 특히 공부는 단거리 러닝이 아니다. 오랜 시간 동안 꾸준히 해나가는 것이 중요한데, 야구를 하면서 배운 끈기가 포기하고 싶은 순간에 다시 일어설 수 있게 해주는 힘이 되었다.

사랑하는 종훈아-*

오랫동안 타자를 치니가 지루한 생각이 들어서 창밖을 내다보니

무슨 볼일들이 많은지 많은 사람들이 바삐 움직이는 모습들이

무척이나 보기좋은 광경이구나

바쁘게 움직일수있는 건강이있고 자기의 일이 있는것처럼 행복한일은 없을꺼야

왜냐하면 하나님이 우리에게 "일 하지않는자는 먹지도 말라고하신것처럼 "

우리의 건강을 유지할려면 부지런이 움직여야되거든

만약 가만이 놓고만있으라면 그것처럼 고역은없을꺼야

처음에는 좋을것같지 하지만 그일이 얼마나 지겨운일인지 바로 알게될꺼야

그런것을 생각하면 우리는 먼저 건강주심을 감사해야될꺼야 .

태양이 뜨겁게 내리쪼이는 운동장에서 날마다 뛰고있다는것은 그만큼 힘들고

인내가 필요한일이지만 그렇게 뛰고싶어도 건강이 허락하지를 못해

운동을 못하는 사람도있는거란다.

조금있으면 맛있는 식사시간이구나 야구부실 찜통 더위에서 고생하시면서

엄마들이 해주시는 점심을 먹고나서 잊지말고 큰소리로 잘먹었습니다 하고

인사를 하면 듣고계시는 엄마들이 생한 보람이 있을꺼야 .

어느자리에 있어도 예의를 갖춘 행동을 하는 사람이 정말로 인격을 갖춘

사람이되리라 .....

사랑하는 종훈아-*

아침에 아빠,엄마 출근하고 예림이하고 있을때 제발 빌겠으니

동생하고 싸우지말아 그렇게되면 할머니가 짜증이 나시고 보기에도않좋으니

오빠답게 양보하고 점잖게 행동을 하기바란다.

오락하는것도 아침부터하지말고 그시간에 독서 하고 하루를 계획하는데

할애를 하기바란다 .종훈이의 습관이 다좋은데 한가지 고칠것이있다면

외출에서 돌아오면 반드시 옷을 갈아입고 (물론 티셔츠도함께) **손도 씻고 하는**

이런습관을 들여놓지않으면 가정교육이 없다고 다른사람들이 흉을본단다 .

엄마도 잠옷바람으로 있는것이 편하고 좋아서 입고있었는데 그것을 고친것처럼

처음에는 답답하고 힘들지만 조금 노력하면,엄마도 잠이 깊숙히든 종훈이를

옷입히느라 쩔쩔매는 일이 없게될꺼야 ....

종훈이의 영원한 FAN-*

1993,7,16,

엄마가 사무실에서....

공부 습관을 들이라

최고의 공부 방법은 내 안에 있다

내가 공부 방법에 관심을 두게 된 것은 사법시험을 준비하면서부터다. 그전까지는 단순히 열심히 공부하기만 하면 결과도 당연히 좋을 거라고 생각했다. 물론 전혀 틀린 말은 아니지만 효과적인 수험생활을 위해서는 여러 가지 공부 방법론에 관심을 두고 자신만의 노하우를 만들어가는 것이 중요하다. 열심히 하는 것도 중요하지만 더 중요한 것은 최소한의 시간을 투자하여 최대한의 결과를 얻어내는 것이기 때문이다.

남들보다 더 많은 시간을 투자했는데 얻는 결과가 적다면 불공평하다. 머리를 탓할 것이 아니라 내 공부 방법이 비효율적이지 않았나를 생각해보아야 할 것이다. 머리는 어차피 타고나는 것이다. 바꿀 수 없는 것에 집착할 필요는 없다. 내가 할 수 있는 것만 고민하자.

가장 좋은 방법은 먼저 공부한 사람들의 합격 수기를 많이 읽어보는 것이다. 나는 사법시험을 준비하면서 시중에 나와 있는 거의 모든 합격 수기를 시간 날 때마다 반복해서 읽었다.

그뿐만 아니라 누군가 합격 수기에서 추천했던 『토니 부잔의 마인드맵 북』, 『잭 웰치를 움직인 세 개의 원』 등 필기 방법에 대한 책도 구해서 읽어보았다. 신문기사나 인터넷을 통해 여러 가지 공부 방법, 암기법과 관련된 서적들도 꾸준히 관심을 두고 읽었다. 이러한 과정을 거친 후 스스로 공부하며 얻은 경험을 통해 내 나름대로 공부 방법을 깨우쳤다.

'공부 비법'이라고 하면 무언가 대단한 내용처럼 보이지만 사실 공부를 조금 잘한다고 하는 사람들은 이미 알고 있는 내용이거나 공부를 하면서 의식적 혹은 무의식적으로 실행하고 있는 방법들이다. 야구를 그만두고 공부를 시작한 나는 열정만 있었지 구체적인 공부 방법에 대해서는 완전히 무지했다. 아마 이 책을 읽고 있는 독자 중에서도 공부를 제대로 해보고 싶은데 어떻게 계획을 세워서 어떠한 방식으로 공부해야 할지 막막한 사람들도 많을 것이다. 마치 예전의 나처럼 말이다. 그래서 내가 공부를 하면서 겪었던 실패와 성공을 바탕으로 얻은 공부 방법을 소개해보고자 한다.

우리는 흔히 "누구는 머리가 좋은가보다. 누구는 머리가 나쁜가보다"라는 말을 한다. 내가 야구를 그만두고 공부하면서 느낀 것은 이

말은 1퍼센트만 진실이고 99퍼센트는 거짓이라는 점이다. 정말로 머리가 좋아서 노력으로 따라갈 수 없는 사람도 있지만 그렇게 많지는 않다. 결국엔 누가 더 시간을 투자하고 노력하는가의 싸움이다. 공부하면서 가장 중요한 요소는 좋은 머리가 아니라 포기하지 않는 자세와 효율적인 공부 방법이다. 포기하지 않는 자세야 스스로 마음을 굳건하게 먹었는가의 문제고, 결국엔 효율적인 공부 방법을 얼마나 빨리 깨우치는가가 관건이다.

들고 보면 누구나가 다 아는 공부 방법이라고 해도, 막상 실천하는 사람은 많지 않다. 지금 생각해보면 나도 처음 공부를 시작할 때는 어떻게 공부를 해야 하는지 몰라서 참 무식하게 공부했던 것 같다. 시행착오를 겪고 여러 가지 공부 관련 책을 읽고 모방해보면서 조금씩 나만의 공부 방법을 깨우쳤다. '좀 더 일찍 공부 방법을 깨우쳤더라면 더 편하게 공부를 할 수 있지 않았을까' 하는 아쉬움이 남는다.

최고의 공부 습관: 예습과 복습

내가 야구를 그만두고 공부를 시작하면서 가지게 된 습관 중에서 가장 좋은 습관은 예습과 복습하는 습관을 들인 것이다. 시간이 넉넉하다면 예습과 복습을 모두 하는 것이 좋겠지만, 둘 중 하나를 선택해야 한다면 복습을 선택하는 것이 옳다. 예습은 어디까지나 수업 내용을 조금 더 충실히 이해하기 위한 것이고, 복습은 그날 배운 내용을 완결 짓는 것이기 때문이다. 복습을 원칙으로 하되, 특히 중요한 부분이나 어려운 부분만 예습하는 방식으로 공부하는 것이 가장 효율적인 방법이라고 생각한다.

예습하는 방법은 간단하다. 예습의 목적은 어디까지나 당일 수업 내용을 충실히 이해하기 위한 사전 작업이기 때문에 따로 자습을 하는 것이 아니라 '의문점'을 갖는 것으로 충분하다. 기본적인 개념과 내용을 소설책 보듯이 아주 가볍게 보면 된다. 이해가 안 되면 안 되는 대로 편하게 읽어나가면 된다. 예습에는 많은 시간을 투자할 필요가 없다. 예컨대 한 시간 수업이라면 5~10분 정도 투자하면 된다. 예습을 하면 그날 수업의 이해도를 높일 수 있을 뿐만 아니라 예습 중에 가졌던 의문점이 수업을 통해 해결되는 경우가 많아서 수업에 대한 집중도를 높이고 흥미도 유발할 수 있다.

예습보다 더 중요한 것은 복습이다. 단지 수업만 듣고 넘어간다면 '자기 것'이 되지 않는다. 혼자서 충분히 고민하고 해결하는 과정을 거쳐야만 비로소 그 지식이 자기 것이 된다. 예습과는 달리 복습은 상당히 꼼꼼하게 해야 한다. 그날 배운 내용을 하나하나 숙지하고 이해가 되지 않는 부분은 충분히 고민해보고 그래도 해결되지 않는다면 질문을 통해서라도 해결해야 한다. 복습할 때 잘 이해되지 않는 내용은 자신뿐만 아니라 모든 사람이 어려워하는 부분일 가능성이 굉장히 높으므로 수험적으로도 중요한 부분이 되는 경우가 많다.

사법시험을 준비하면서 느꼈던 것은 이런 부분을 공부할 때는 아무리 시간이 오래 걸리더라도 완벽히 이해하고 넘어가야 한다는 것이다. 이런 부분이 합격과 불합격을 구분 짓는 갈림길이다. 귀찮다는 이유로 대강 넘어가는 사람들은 커트라인 근처까지는 가지만 결코 그 벽을 넘기 어렵다. 어렵고 이해되지 않는 내용일수록 더더욱 완벽하게 복습하고 정리하는 습관을 들이는 것이 중요하다. 이해가 잘되지 않으면 '이건 시험에 출제 되겠구나'라고 생각하면 된다.

처음 공부를 시작하면서 학원에 다닐 때는 학원에 조금 일찍 도착해서 수업 시작 전에 그날 배울 내용을 빠르게 훑어보았고, 수업을 듣고 난 후에는 어떤 일이 있어도 그날그날 복습을 했다. 당일 복습을 못 할 때에는 다음 날이나 주말에라도 꼭 복습했다. 재미있는 것은 수업을 듣고 나서 사나흘만 지나도 수업 시간에 이해했던 내용이 잘 기억나지 않을뿐더러 복습하는 시간도 꽤 오래 걸린다는 점이다. 반면에 수업을 들었던 그날 바로 복습하면 시간도 단축되고 이해도도 상당히 높았다. 복습은 수업을 듣고 난 후 최대한 빠른 시간 내에 하는 것이 좋다.

꽤 많은 사람이 강의를 듣는 것만으로도 충분히 공부가 된다고 생각하는데, 전혀 그렇지 않다. 수업을 듣고 복습하지 않는다면 차라리 강의를 듣지 않는 것이 낫다. 어차피 머리에 남지도 않기 때문이다. 강의 들은 것이 아까워서라도 반드시 복습해야 한다.

나는 복습의 중요성을 인식했기 때문에 사법시험을 처음 준비하면서는 극단적인 복습 방법을 선택했다. 평일에 수업을 듣고 그날 1차 복습을 마친 후, 다음 날 진도를 나가기 전에 2차 복습(어제 복습했던 내용을 다시 한 번 훑어보는 것)을 했다. 1차 복습은 내용을 엄청나게 꼼꼼히 정리했기 때문에 시간이 꽤 오래 걸렸지만, 2차 복습을 할 때는 시간이 얼마 걸리지 않았다. 전날 이해하고 정리했던 내용을 상기시키는 정도였기 때문이다.

그렇게 평일을 보내고 나서 주말에는 일주일 동안 나갔던 진도를 총 복습 했다. 결국 수업 한 번에 복습을 세 번 하는 구조였다. 따라서 적어도 일주일 동안 배운 내용에 대해서는 수업까지 포함해서 네 번을 반복해서 보는 효과가 있었다. 이 방법이 효율적인 이유는 가까운 시간 내에 같은 내용을 보기 때문에 반복할수록 보는 시간이 상당히 단축된다는 점이다. 주말에 일주일 동안 배운 내용을 복습할 때는 한나절이면 모든 내용을 볼 수 있을 정도였다. 이렇게 공부를 하고 나면 상당한 시간이 흘러도 논리구조가 명확히 정리되어 기억 속에 오래 남아 있게 된다.

이 방법은 공부에 입문하는 사람에게는 꽤 좋은 방법이다. 다만 상당한 인내심이 필요하다. 어제 공부해서 충분히 이해한 내용이기 때문에 다시 보기가 싫기 때문이다. 또한 진도를 빨리 빼고 싶은 마음에 전날 배운 내용을 다시 복습하는 게 비효율적이라고 느껴지기도 한다. 한 가지 확실한 건 공부를 할 때는 돌아간다는 느낌이 들수록 결국은 더 빨리 가게 된다는 것이다. 기초를 충분히 닦은 후에야 응용할 수 있다. 급한 마음에 기초를 탄탄히 하지도 않고 어려운 내용을 공부하면 반드시 한계에 부딪힌다.

사법연수원은 4학기로 구성되어 있는데, 1학기는 수업 일정이 굉장히 빡빡하다. 거의 온종일 수업이 있고, 수업 이후에는 체육대회 예선과 각종 회식 등이 진행된다. 수업 시간 이후에 각종 행사 때문에 공부할 시간이 거의 없는데, 그것과 무관하게 수업 진도는 엄청나게 빨리 나간다.

나는 사법연수원에 입소하기 전에 한 가지 원칙을 세워놓았다. 아무리 바쁘더라도 복습만큼은 밀리지 않고 한다는 것이다. 체육대회 예선전을 마친 날이면 으레 회식을 하는데 밤늦게 회식을 마치고 들어와서도 그날 배운 내용이 밀리지 않게 복습했다. 회식하면서 술을 마신 날에는 일찍 자고 다음 날 수업 시간 전에 일어나서 전날 배운 내용을 복습한 후 수업에 들어갔다.

복습은 수업을 듣고 나서 가장 빠른 시간 안에 하는 것이 좋다. 어차피 해야 할 복습이라면, 그날 배운 내용은 그날 마무리 짓는 게 가장 효율적이다.

2nd

이 죽일 놈의
야구

나에게 야구를 가르쳐주면, 당신에게 상대성이론을 가르쳐주겠소.
아니, 우리 그러지 맙시다.
당신이 상대성이론을 깨우치는 게
내가 야구를 깨우치는 것보다 빠를 겁니다.

– 알베르트 아인슈타인

고스톱 쳐서 선배 된 게 아니다

　운동부는 선후배 간의 위계질서가 엄격하다. 동기 중에서 한 명만 잘못을 해도 학년 전체가 얼차려를 받거나 집합이 걸리는 일이 다반사였다. 지금 생각해 보면 중학생이면 어린 나이인데 어디서 그런 걸 알아냈는지 다양한 얼차려들이 다 있었다. 원산폭격부터 시작해서 손을 깍지를 끼고 엎드려 있게 하는 얼차려, 귀를 잡고 팔꿈치로 엎드려 있게 하는 얼차려 등 종류도 매우 다양했다. 1분만 지나도 손가락과 팔꿈치에 극심한 통증이 몰려와 땀이 삐질삐질 난다.

　가장 기억에 남는 것은 '물 금지령'이었다. 한여름 땡볕에서 운동하면 땀을 엄청나게 흘리게 되는데 동기 중 누군가가 잘못이라도 하는 날이면, 선배들이 온종일 물을 마시지 못하게 했다. 운동할 때는 물론이고 식사를 할 때에도 마찬가지였다. 우리는 선배들 몰래 수돗물을 마시면서 간신히 버티곤 했다. 그 와중에도 다른 선배들 몰래 물을 챙겨주는 착한 선배들도 있었는데 그 물 한 모금이 엄청나게 고맙게 느껴졌다.

후배들에게도 나름 복수하는 방법은 있었다. 물 당번은 저학년이 맡기 마련인데 선배들이 마실 물에다가 몰래 손을 씻는 등의 방법으로 소심하게 복수를 했다. 어차피 우리는 마시지도 못하게 하니까 어린 마음에 그렇게라도 복수를 했다.

재미있는 것은 선배들도 고스톱을 쳐서 선배가 된 게 아니라는 것이다. 자기들도 저학년 시절에 그렇게 해봐서 눈치가 백단이었다. 매일 훈련을 마치고 감독님과 코치님이 먼저 야구부실로 올라가면 선후배들이 마운드를 중심으로 둘러서서 미팅을 하는 시간이 있는데, 그중에 눈치 빠른 선배 한 명이 넘겨짚기를 시도한다.

"아까 내가 화장실 가다가 멀리서 봤는데 ○○○이 물에다가 손을 집어넣더라?"

정작 본 적도 없으면서 말이다. 대부분 물증이 없으므로 후배들의 강력한 부인으로 어영부영 넘어가게 되는 경우가 다반사인데, 가끔은 어리바리한 동기가 자백을 해버린다. 그런 날이면 어김없이 비닐하우스에 집합이 걸리거나 물 금지령이 며칠 더 연장된다.

운동하면서 발견한 재미있는 사실이 있다. 후배 시절에 선배들에게 잘하지 못했던 사람이 선배가 되면 후배들을 더 못살게 군다는 것이다. 반면 선배들한테 깍듯하고 일을 알아서 척척 잘해내는 후배

들은 나중에 선배가 되면 더 후배들을 아끼고 잘 챙겨준다. 선배 중에서 못살게 구는 선배가 있다면 그는 필시 후배 시절에 선배한테 못했던 사람이라고 생각하면 된다. 십중팔구는 그렇다.

오늘 피한 한 대는 내일의 두 대가 된다

중학교 1학년 가을쯤이었던 걸로 기억한다. 어떤 잘못을 했는지 정확히 기억은 나지 않지만, 어느 날 운동하다가 우리 학년 중 한 명이 무언가를 잘못했다. 잘못이란 보통 동기 중 한 명이 선배한테 말실수했거나 운동 중에 허용되지 않은 행동을 해서 선배의 심기를 건드린 경우가 대부분이다. 다행히 어떤 사정이 있어서 그날은 무사히 넘어가나 싶었는데, 집에 갈 무렵에 선배 한 명이 지시를 내렸다.

"내일 운동 끝나고 집합해!"

다음 날 맞을 생각을 하니까 밤에 잠도 오지 않았다. 밤늦게까지 전전긍긍하며 뒤척이다 겨우 잠들었다. 다음 날 학교에 수업을 들으러 가서 쉬는 시간에 동기들끼리 삼삼오오 모여 오늘을 넘길 대책에 대해 논의했다. "어떻게 하지? 어떻게 해야 오늘을 무사히 넘길 수 있을까?" 그때 동기 중 누군가가 한마디 했다.

"오늘 운동하지 말고 도망가자."

지금 생각해보면 아직 중학교 1학년이어서 그런지 참 단순하게 생각했던 것 같다. 누군가 그날 하루만 어떻게 넘어가보자는 임시방편을 떠올렸고 다들 거기에 동조했다. 수업이 끝나고 야구부실로 가지 않고 은밀히 학교 건물 뒤쪽에 모였다.

가슴이 두근거렸다. "혹시 교문을 나가다가 선배들한테 걸리면 어떻게 하지?" 그렇게 가슴을 졸이며 교복을 입은 채로 무작정 교문 밖으로 나왔다. 어디를 갈지, 그다음 일이 어떻게 될지는 생각도 하지 못했다. 교문 밖으로 한참을 달려 나가서는 혹시나 누가 잡으러 올까봐 후미진 골목에 모였다.

"이젠 어디로 갈까?"

중학교 1학년 애들이 갈 만한 곳도 별로 없었다. 무작정 버스를 타고 한강에 있는 시민공원으로 갔다. 한강에 도착해서도 마음이 불편해서 견딜 수가 없었다. 가출을 한다거나 그럴 생각도 전혀 없었다. 단지 그날 하루만 '어떻게든 되겠지' 하고 도망 나온 참이었다. "설마 도망까지 갔는데 내일 또 때리진 않겠지?" 우리는 어둑어둑해질 무렵까지 한강에서 시간을 보내다가 다들 집으로 돌아갔다.

어김없이 하루가 가고 다음 날이 밝았다. 수업이 끝나자마자 집합이 걸렸다. 우리는 새파랗게 질려서 강당에 모였다. 공식적으로는 무단으로 이탈한 잘못 때문에 코치님께 얼차려를 받는 것으로 마

무리되었고, 비공식적으로는 공식 얼차려 이후에 선배들과 '오붓한' 얼차려가 따로 있었다. 한 대 맞고 끝날 걸 매를 벌었던 셈이다. 지금은 오랜만에 친구들을 만나면 웃으면서 하는 이야기가 되었지만 당시에는 가슴을 참 많이 졸였다.

너희는 이세대를 본받지말고 오직 마음을 새롭게함으로 변화를 받아 하나님의
선하시고 기뻐하시고 온전하신뜻이 무엇인지 분별하도록하라 -롬 :12:2-

사랑하는 종훈아-*

어항에 관상용 물고기를 키우는 조련사가 있었지 물고기들이 움직이는 최적의 수온을
맞추고 좋아하는 먹이를 정성스럽게 주어도 계속해서 죽어가는것이 아닌가 ?
고심끝에 해결방안을 찾았는데 거머리를 어항에 넣었더니 물고기들은 징그러운 거머리를
피하기위하여 이리저리 움직였고 그것이 운동이되어 튼튼해지고 사망율도 낮아졌다는것이야
세상에는 금붕어와 거머리같은 사람도있지 하지만 나에게 무익하다고 마구 욕하기나는
착한마음 갖게해달라고 기도하고 절대로 나는 저러한 모습은 되지말아야겠다고 결심을해보렴
내마음에 아픔을 주는 사람들을 잘 소화해내어서 자기 영혼의 유익을 얻을수 있단다
어제 형들에게 매를 맞은데다 아침에 식사도중 코피까지 흘리는것을보고 엄마는 얼마나
마음이 아팠는지....지난번 감독님한테 일학년 단체로 기합을 받아 엉덩이가 한쪽만
부어올라 짝궁둥이가 되었는데도 국민학교때와는 달리 혼자서 잘참아내는것을 보고 새삼
어른스러워진 종훈이의 모습을 발견할수있었단다 위의 글처럼 종훈이 주위에 거머리같은
형들이 있을지라도 그것을 잘 참고 견뎌내면 더좋은 결과가 찾아올수있겠지 ?
형들이 기합을 준다고 야구뱃을 들고 때릴때는 어차피 매를 맞아야하는것이니까 피한다고
몸을 움직이면 형들은 감독님처럼 때리는 기술이없으니까 엉뚱한데를 맞아 큰일이날수도
있으니까 절대로 몸을 움직이지말고 깨끗이 맞기바란다

사랑하는 종훈아 -*

아침에 성적표를 싸인해주면서 많은 생각을 해보았단다 담임 선생님 말씀처럼 노력을
안한것이 눈에 보이더구나 수업시간만이라도 딴생각안하고 선생님말씀 잘들었다면그런
점수는 나오지않았으리라 물론 학기초에 중학교생활이 적응이안되 헤매었다는것을인정
하면서도 엄마는 아쉬움이 남는다 좀더 적극적인 자세로 학업에 임하길바란다
훌륭한 야구선수가 되기위해서는 학교 공부를 무시하면 절대로 안된다는것을 명심하고
수업시간에 열심히 들으면서 노트정리하는것을 습관들이도록 왜냐하면 선생님 말씀이
제일 중요하고 시험기간에 노트정리를 평소에 잘해두면 그것만으로도 시험공부를 할수
있기때문이지 종훈아-* 이제는 중학생이니까 불투명하게나마 너의 장래 모습이 보이리라
매사에 적극적이고 인내심많은 모습으로 열심히 노력을하면 장래의 종훈이 모습은아름답게
보다더 선명하게 나타내어질거야 최후까지 땀을 흘리는자만이 정상을 바라볼수있고 자기와의
고독한 싸움에서 이기는자만이 영광을 누릴수있는거란다 오늘도 인내하며 뜨거운 태양아래
뛰고있을 종훈이에게 큰소리로 화이팅을 외쳐본다
　　　　1994.5.27　　　　　　　　　　　사무실에서 엄마가-*

🔘 두려움은 더 큰 두려움을 낳는다

야구선수들은 겨울이 되면 '동계훈련'을 한다. 날씨가 추워지면 실외에서 야구 연습을 제대로 할 수 없어서 대체로 체력훈련 위주로 진행하고 기술적인 운동은 비닐하우스 안에서 제한적으로만 진행하는 경우가 많다. 하나하나 열거할 수는 없지만 엄청나게 많은 체력훈련 프로그램이 있었고 겨우내 그 프로그램들을 하나하나 소화해내면서 체력적인 기초를 닦는다.

동계훈련 하면 가장 먼저 기억나는 게 있다. 바로 해병대 캠프다. 나는 중학교 2학년 때 한 번, 고등학교 1학년 때 한 번, 총 두 번을 참가했다. 중학교 때는 감독님이 해병대 출신이셨던 관계로 자연스럽게 일주일 정도 해병대 캠프에 참가하게 되었다. 말만 중학생 해병대 캠프였지 성인 해병대원들이 하는 프로그램을 거의 그대로 진행했던 것 같다.

해병대 캠프에서는 취침 전에 항상 '순검'을 했다. 하루일과를 마치기 전에 인원점검 등을 목적으로 실시하는 것인데 교관은 "청소를 제대로 하지 않았다" 내지는 "목소리 크기가 마음에 들지 않는다"는 등의 이유를 들며 항상 꼬투리를 잡았다. 소위 '빵빠레'라고 불리는 얼차려를 주기 위해서였다(왜 빵빠레라고 하는지는 아직도 모르겠다). 어찌 되었건 교관은 어떻게든 꼬투리를 잡아서 빵빠레를 시키려고 하는데, 우리도 그냥 당할 사람들이 아니었다. 운동하면서 이미 웬만한 얼차려는 다 받아봤고 청소 꼬투리 잡는 방법도 다 파악하고 있었다. 예컨대 구석진 탁자 위나 아래를 하얀 장갑을 끼고 쓱 문질렀을 때 먼지가 나오면 청소를 다시하거나 청소 불량으로 빵빠레를 받는다는 것쯤은 뻔히 알고 있었다. 야구부에서 선배들이 스스로 하던 것이기 때문이다.

선배들의 지시 하에 순검에 완벽히 대비했다. 이윽고 순검 시간이 다가왔다. 교관이 꼬투리를 잡기 위해 눈에 불을 켜고 청소가 제대로 되지 않은 부분이 있는지 찾았다. 나올 턱이 없었다. 내무반에 있던 우리에게는 번호를 붙이라고 했다. 우리는 번개 같은 스피드와 우레 같은 목소리로 번호를 붙였다.

"하나, 둘, 셋……스물하나 번호 끝!"

보통은 번호를 붙이다가 틀리거나 번호를 붙이는 속도가 마음에 안 들거나 목소리 크기가 마음에 들지 않는다는 이유로 꼬투리를 잡았겠지만, 운동부인 우리가 그렇게 호락호락하지는 않았다. 결국엔 빵빠레를 시키지 못하고 그날 순검은 무사히 마치게 되었다.

그렇게 며칠간 순검에 완벽히 대비하며 빵빠레를 면할 수 있었다. 하지만 긴장의 끈을 놓는 순간 교관에게 허를 찔리고 말았다. 캠프가 거의 끝나갈 무렵 그날도 역시 순검을 무사히 마치고 잠이 들었다. 잠에 깊이 빠져 있던 새벽 3시쯤, 어디선가 호루라기 소리가 들려왔다. 여러 명의 교관들이 호루라기를 불며 일시에 내무실로 들이닥쳤다. 불호령을 지르며 우리를 깨웠다. 우리는 잠도 덜 깬 채로 연병장으로 끌려 나갔다. 드디어 빵빠레 시간이 온 것이다. 때는 한겨울, 기온이 영하 15도쯤 되었다. 일단 상의를 탈의한 후 연병장 구보를 시켰다. 한 열 바퀴 정도 뛰었을까? 이번엔 연병장 밖으로 오리걸음을 시켰다. 앞도 잘 보이지 않는데 우리는 그렇게 어디론가 끌려갔다. 엄청 추웠다.

얼마쯤 갔을까……무언가를 부수고 있는 소리가 들렸다. 맙소사, 미리 도착해 있던 조교들이 꽁꽁 언 저수지의 얼음을 깨고 있었다. 우리를 저수지에 빠뜨리기 위해서였다. 웃긴 건 날씨가 하도 추워서 얼음이 깨지지 않았다는 것이다. 얼음을 깨던 조교들이 당황해하며 교관에게 말했다.

"교관님, 얼음이 깨지지 않지 말입니다."

속으로 쾌재를 불렀다. '이대로 들어가서 자면 되겠구나!' 하지만 교관들은 포기하지 않았다. 다시 연병장으로 돌아가 우리를 양팔 간격으로 세웠다. '이놈의 교관들이 우리를 어쩌려고 하지' 싶은 순간,

조교 한 명이 건물 안쪽에서 소방 호스를 끌고 나왔다. 소방 호스로 우리에게 물을 뿌릴 요량이었다. 그런데 여기서 또 한 번 교관들이 당황했다.

"교관님, 호스가 얼었지 말입니다."

엄청난 추위로 소방 호스마저 얼어붙은 것이다. 이쯤 되니 과연 이 사람들이 어떻게 할까 궁금해졌다. 그러나 역시 '하면 된다. 안되면 되게 하라'의 해병대였다. 화장실에서 물을 퍼다가 바가지로 우리에게 물을 뿌리기 시작했다. '악' 소리가 저절로 나왔다. 추위를 이기기 위해 온갖 악을 다 쓰며 동기들과 부둥켜안고 추위를 견뎠다. 그때를 떠올리면 지금도 웃음이 절로 나온다. 돌이켜보면 힘들었다기보다는 즐거운 추억이 되어버렸다.

해병대 캠프에서는 영하 15도 정도 되는 한겨울에 새벽같이 일어나서 상의를 탈의하고 연병장을 구보하는 것으로 하루를 시작한다. 오전에는 PT 체조와 12킬로미터 구보를 하고 오후에는 줄을 타고 암벽을 오르거나 외줄을 타고 산 한쪽에서 다른 쪽으로 내려오는 등 유격훈련을 한다.

그중에 헬기 레펠이라는 훈련이 있다. 1단계는 11미터 높이에서 줄을 타고 내려오는 훈련이고, 다음 단계는 30미터 상공에서 줄을 타고 내려오는 훈련이다. 11미터 헬기 레펠 훈련을 할 때는 정말 무서워서 죽을 것 같았다(인간이 가장 무서워하는 높이가 11미터쯤 된다고 한다). 11미터 위에서 줄을 잡았다 놨다 하면서 내려가 착지하는 훈련인데 하강은커녕 다리가 후들후들 떨리고 정신이 하나도 없었다. 도저히 무서워서 줄을 잡고 있는 손에 힘을 풀 수가 없었다.

줄을 꽉 잡고 있는데 빨간 모자를 쓴 교관이 빨리 줄을 놓으라며 지휘봉으로 헬멧을 두들겼다. 가뜩이나 무섭고 정신없는데 교관까지 닦달하니 꽉 잡고 있던 줄을 한 번에 놓아버리고 말았다. 나는 그대로 땅에 꼬꾸라지듯 떨어졌다. 왼쪽 팔이 까지고 입술이 찢어졌다. 팔이 엄청나게 아팠다.

치료를 받으러 군 병원으로 가서 엑스레이를 찍었는데 군의관이 굉장히 심각한 표정을 지었다. 앞으로 야구를 할 수 없을지도 모른다는 것이었다. 마른하늘에 날벼락 같은 말이었다. 급히 김포에 있던 군 병원에서 서울에 있는 일반 병원으로 옮기게 되었다. 서울로 가는 차 안에서 펑펑 울었다. 눈물이 계속 쏟아졌다. '야구를 할 수 없을지도 모른다니……. 나는 프로야구선수가 되어야 하는데…….' 억울함이 복받쳐왔다. 나락으로 떨어지는 기분이었다.

서울에 있는 정형외과에 도착해 다시 엑스레이를 찍었다. 얼마간 시간이 지나 의사 선생님 방으로 들어갔다. 의사 선생님은 엑스레이 결과를 보고 계셨다. 결과가 어떻게 나왔을까……. 가슴이 마구 뛰었다. 잠시 후 침묵을 깨고 의사 선생님이 웃으면서 말했다.

"왼쪽 팔꿈치 쪽에 살짝 금이 갔습니다. 깁스하고 몇 달 쉬면 괜찮을 겁니다." 군 병원에서 서울에 있는 병원으로 가면서 들었던 생각들 때문에 머쓱해졌다. 그래도 지금 생각하면 참 다행이지 싶지만, 그때 그 군의관에게 위자료라도 청구하고 싶다. 돌팔이 군의관.

중학생 때 참가한 해병대 캠프에서는 헬기 레펠에서 떨어지는 바람에 나머지 훈련을 하지 못했지만, 그로부터 2년 뒤 고등학교에 진학해 다시 참가한 해병대 캠프에서는 11미터 레펠과 30미터 레펠을 모두 빠지지 않고 했다. 안 좋은 기억이 있었지만 한 번 경험해봐서인지 기분 좋게 잘했던 것 같다. 마치 롯데월드에서 자이로드롭을 타는 것처럼, 하강을 준비하는 그 순간에는 무척이나 떨렸지만 30미터 높이에서 내려오는 동안은 무척 재미가 있었다(물론 다시 하고 싶지는 않다).

여호와를 경외하는것이 지식의 근본이거늘 미련한자는 지혜와 훈계를
멸시 하느니라   -잠언 1:7-

사랑하는 종훈아-*

긴 동면을 지낸 개구리가 새롭게 기지게를 켜며 더멀리 뛰기위해 몸을 움추리는것처럼
그동안 팔꿈치 부상으로 고생스러웠지만 잘 인내해준 종훈이가 자랑스럽고 더나은 미래를
위해 지금의 제자리걸음은 아무것도 아니라는것을 깨달았으리라

누구나 부상은 찾아오기 마련이지만 그것을 어떻게 인내하고 극복하느냐에따라 나의
인생이 바뀐다는것을 우리는 알아야되리라

첫날부터 너무 과욕부리지말고 한걸음한걸음 걸음마를 배우는 아기처럼 조금씩 무리하지말고
몸을 푼다는 생각으로 운동에 임하길 바란다

이제 동계훈련이 지나면 후배들도 생기니 믿음직스러운 선배의 위상을 세우기위해서라도
모든행동과 언행심사를 2학년 학생답게 솔선수범할수있는 선배가되길바라며 선배들에대한
불만사항을 기억해뒀다가 종훈이만큼은 그리스도의 향기를 나타낼수있는 선배가되기를....

우리가 세상사람과 구별되어야함은 종훈이를 사랑하시는 하나님이 항상 종훈이 곁에계시고
지켜주시기에 언제 어느곳에서라도 우리는 감사한마음으로 의연한자세를 취할수있는거란다

순간적으로 위기감을 느낄때 예수를 믿는 우리는 기도할수있는 마음의 여유가있고
아브라함의 하나님, 이삭의 하나님, 야곱의 하나님, 그리고 나의 하나님이기에 우리의
생사화복을 주관하시는 좋으신 하나님이 계시기에 특권을 누릴수있는거란다

사랑하는 종훈아-*

엄마가 늘 기도하는 제목중에서 하나가 중등부 예배시간에하는 성경공부의 말씀을
성령께서 친히 가르치시고 깨닫게 해달라는 기도란다 왜냐하면 종훈이의 인생중에서
가장 중요한시기에 하나님께서 뜻이 계시기에 말씀으로 거듭날수있는 좋은기회를 선물로
주신것같구나 무슨일이던지 때가 있는법이란다 가까운 예를 들자면 엄마를 돌아보렴
지금처럼 아빠일 도우느라 사무실에 갇혀있는데 운전면허를 땄으니 망정이지 그때
시간있을때 허송세월을 보냈다면 아무것도 할수없는 지금 무슨일을 할수있겠니 ?

요즘 엄마는 그전에 시간있을때 배웠던 서예를 다시 시작했단다 그때 기초를 익혀놨기에
부지런히 연습만하면 얼마든지 작품을 내놓을수있는거야 우리에게 기회가 주어졌을때
그동안 하지못했던것을 열심히 해두면 언젠가는 후회하지않는 인생을 살아가는 비결이
거기에 있다는것을 깨달을 날이 종훈이곁에 꼭 찾아오리라 믿는다

기회를 잘 포착할수있는 지혜 또한 주시리라믿고 오늘도 변함없는 화이팅을 외쳐본다

1995 . 1 . 17 .   사무실에서 엄마가 -*

⚾ 귀신 잡는 야구부?

야구부에서는 감독님이나 코치님과의 관계 그리고 선후배 관계가 엄격하다. 내가 하기 싫다고 해서 하지 않을 수 있는 것이 아니었다. 내가 맡은 일은 내 책임 하에 해내야 했다. 자의 반, 타의 반 그렇게 하나둘씩 책임감을 배우기 시작했다.

중학교 때 야구부 생활을 하면서 가끔씩 야구부실에서 합숙훈련을 했다. 그럴 때면 으레 담력훈련이 진행되었다. 우리 학교는 굉장히 넓은 편이었는데 야구부실 근처에 용마산이라는 작은 산이 있었고 그 산 안에는 일제강점기에 파놓은 방공호가 있었다.

밤 12시 정도가 되면 코치님이 자는 아이들을 한 명씩 깨우고 조용히 종이 한 장을 건넨다. 각자 이름이 적혀 있는 쪽지였다. 방공호 안에 쪽지를 놓고 오는 것이다. 방공호에 가는 척하고 야구부실 근처에 숨어 있다가 방공호에 갔다 온 것처럼 속이는 아이들이 있기 때문이다. 코치님은 다음 날 친히 방공호에 가서 쪽지를 확인한다고 하셨다.

무서운 것은 둘째 치고 방공호 안에는 엄청나게 많은 귀뚜라미와 박쥐들이 살고 있었다. 그곳을 뚫고 지나가서 방공호 안에 자기 이름이 적힌 쪽지를 던져두고 와야 미션 성공이다. 그날 밤은 잠을 자려고 누워도 잠이 오지 않았다. 내 차례가 올 때까지 마음이 편치 않았기 때문이다. 두근두근 내 차례를 기다렸다.

드디어 내 차례, 코치님이 조용히 쪽지를 건넸다. 쪽지를 들고 야구부실을 나서니 여름이 거의 다 되었을 무렵인데도 왠지 모르게 뒷목이 서늘했다. 몸을 부르르 떨면서 방공호 쪽으로 빠르게 걸음을 옮겼다. 새벽 1시가 다 된 시각 학교 안, 매일 지내는 곳이지만 왠지 무섭다. 괜히 노래를 흥얼거려본다. 밤이라 잘 보이지 않을 뿐 낮과 다른 점은 아무것도 없다고 생각하려 애쓰며 걸음을 재촉했다.

드디어 방공호 입구에 이르렀다. 사실 귀신보다는 귀뚜라미와 박쥐 놈들이 더 무서웠다. 귀뚜라미 수천 마리가 천장에 붙어 있었다. 보기만 해도 끔찍했다. 주무시는 귀뚜라미님과 박쥐님을 깨우지 않기 위해 조심 또 조심하며 방공호 안으로 발걸음을 옮겼다. 그때 박쥐들이 나한테 달려들었던 기억이 없는 건 박쥐가 야행성이라서 모두 방공호 밖으로 활동하러 나갔기 때문이 아닐까. 이유야 어찌 되었건 살금살금 방공호 안에 잠입하는 데 성공했다. 조용함과 신속함이 두 가지가 모두 필요했다. 방공호 안으로 계속 들어가다가 쪽지를 놓아야 하는 위치에 닿을 무렵 쪽지를 동글동글하게 말았다. 더는 방공호 안으로 들어가지 않고 그곳에다가 냅다 집어던지고 잽싸게 방공호를 빠져나왔다. 담력훈련을 마치고 나니 후련했다. 잠도 잘 왔다. 아직 차례를 기다리는 다른 동기들을 보며 '니들도 한번 죽어봐라' 하는 생각을 하며 꿀맛 같은 잠에 빠졌다.

그런데 다음 날 귀를 의심케 하는 얘기가 들려왔다. 코치님이 쪽지를 확인하러 방공호에 가지 않으신다는 것이다. '아 어제 방공호까지 가지 않아도 되었을 것을!' 뒤늦게 후회해봐야 소용없었다(그날 실제로 방공호까지 가지 않은 친구들도 있었다). 지금 생각해보면 코치님도 아마 귀뚜라미 소굴로 들어가기 싫으셨을 것이다.

내게 능력주시는자 안에서 내가 모든것을 할수있느니라   -빌립보서-

　사랑하는 종훈아-*

동네야구에 푹빠져 시간가는줄 모르고 운동장에서 뛰고있는 종훈이에게 학원시간
늦는다고 소리소리 지르던것이 엊그제같은데 벌써 중학교의 주전선수로 뛰게된것을
생각하면 우리의길을 예비해놓으신 주님의 인도하심을 알게된다
국민학교 감독님중에서 가장 실력있고 훌륭한 편감독님을 만나게해주시고
다른아이들보다 성장이 늦어 실력보다는 외관상의 차이로 게임에도 들어가지못해
고난을 당할때도 좌절하지않는 믿음을 주시고 주신달란트에 감사를 드리며 잘견더준
종훈이가 자랑스럽고 대견하구나
지금에와서 솔직한 고백이지만 기원이 아빠가 회장감이지만 종훈이와 같은 포지션에
기원이가 있기에 똑같은 조건이라면 종훈이에게 불리할것같아 안되기를 바랬는데
회장되고보니 하나님께 한방 얻어맞은 기분이었단다 그러면서도 무슨뜻이 계시기에
기원이아빠를 회장시켜 놓으셨을꺼라는 기대를했었는데 멋장이 하나님은 종훈이를
투수판에 올려 놓으셨단다 아빠 말씀처럼 가장작은 투수라는 별명을 타이틀로 갖고
마운드에선 네모습은 키가작아 예수님을 보고싶어도 볼수가없었던 삭개오가 나무에 올라가
예수님을 영접했던것처럼 비록 키는 작을지라도 더많은 노력을하는 종훈이의 성실함에
예수님도 격려의 박수를 보내주시리라믿는다

　사랑하는 종훈아-*

최상의 컨디션속에서도 자만에빠지면 지난번같은 결과를 불러올수있으니 야구는
끝까지 최선을 다하는것이 중요하단다 방심은 금물이라는것을 지난번 경원과의 시합에서
많은 경험을 할수있었으리라
비록 경기에 지더라도 끝까지 최선을 다하는 선수의 모습은 아름다운 모습이겠지 ?
마운드에 서기전에 항상 기도로써 하나님께 지혜주시기를 의뢰하며 사도 바울의 고백처럼
나의나댐이 아니라 하나님 은혜가운데서 모든일들이 이루어진다는 고백을 할수있는
종훈이가 되기를 오늘도 바라는 마음에 두손을 모은다
철저한 프로정신은 미래의 야구선수인 종훈이에게 훌륭한 밑거름이되어 달란트를
맡겨주신 하나님께 영광을 돌리는 기반이 되어지리라 여기며 큰소리로 다시한번
화이팅을 외쳐본다

　1995 . 10 .19 .　　　　　　　　사무실에서 엄마가 -*

⚾ 까스 걸린 날

보통 야구부는 겨울에 전지훈련을 많이 간다. 서울보다는 조금 더 따뜻한 남쪽으로 가기도 하고, 체력훈련을 위해 강원도 쪽으로 가기도 한다. 중학교 때였는지 고등학교 때였는지 명확하지는 않지만 겨울에 백사장에서 훈련 받던 장면이 기억난다.

꽤 추웠던 어느 겨울날 우리는 동해 바닷가 백사장에서 훈련을 하고 있었다. 발이 모래에 푹푹 빠지는 백사장은 웬만해선 잘 달려지지 않기 때문에 체력훈련을 하기에는 안성맞춤이다. 그날도 여느 때와 마찬가지로 훈련하고 있었는데 무엇 때문인지 기억은 나지 않지만 코치님이 무척 화가 나셨다. 우리는 코치님이 화가 났을 때 우리끼리 은어로 '까스 걸렸다'고 표현했다. 가스가 열을 받으면 폭발하기 때문에 그렇게 불렀던 것 같다.

아무튼 그날 까스가 걸렸다. 폭발 직전이었다. 그날도 추워 죽겠는데 어김없이 상의를 탈의한 후 바다 앞에 일렬로 엎드려뻗쳐를 했다(겨울에 얼차려 받을 때 상의 탈의는 필수 코스다). 파도가 들이닥친다. 재미있게도 겨울 바닷물은 공기보다 더 따뜻하다. 파도가 몸으로 들이닥치면 엎드린 자세로 버티고 있어야 한다. 바닷물이 들이닥치면 따끈따끈하다가 물이 빠져나가면 엄청 추웠다.

또 하나, 야구를 하면서 체력훈련 하면 빠지지 않고 등장하는 것이 바로 PT 체조다. 상황에 따라 몸을 푸는 용도로 쓰이기도 하고 체력훈련용으로 쓰이기도 한다. PT 체조는 예컨대 1번은 팔 벌려 높이뛰기, 2번은 제자리높이뛰기와 같이 번호가 정해져 있다(몇 번까지 있었는지는 정확히 기억나지 않지만 대략 스물 몇 번까지 있었던 것 같다).

PT 체조를 하면서 주의할 점이 하나 있다. 마지막 구령은 절대로 붙이면 안 된다는 것이다. 왜 그런지는 나도 모른다. 내가 중학교에 입학해서 처음 PT 체조를 할 때부터 그랬고 굳이 물어볼 필요도 못 느꼈다. 서른 명이 조금 넘는 야구부 선수 중에 한 명이라도 마지막 구령을 붙이는 사람이 있으면 그 동작은 처음부터 다시 해야 한다. 예를 들어 PT 체조 서른 개씩이라고 한다면 하나부터 스물아홉까지는 매 동작 숫자 구령을 외쳐야 하지만 마지막 서른 개째 구령은 붙이지 말아야 한다. 정신만 차리면 붙이지 않을 수 있는데 꼭 마지막에 구령을 붙이는 고문관이 있다.

PT 체조에도 코치님의 작전이 들어간다. 가만히 PT 체조하는 모습을 보고 계시다가 스무 개 정도가 넘어가면 불호령이 떨어진다. "목소리가 이것밖에 안 나오나!" 그러면 다들 정신이 없어진다. 목이 터지라고 구령을 붙인다. "스물하나! 스물둘!……" 서른 개째 구령이 다가올수록 코치님의 목소리도 더 커진다. "더 크게! 더 크게!"

여기에 꼭 한 명은 낚인다. 힘든데다가 코치님의 불호령까지 들으면 정신이 혼미해진다. 거의 무의식적으로 악을 쓰면서 구령을 붙이다가 마지막 서른 개째 구령도 우렁차게 붙이게 된다. "삼십!"

그러면 그 동작은 처음부터 다시 해야 한다. 문제는 고학년이 실수하는 경우에는 별로 상관이 없는데 저학년이 이런 실수를 반복하면 훈련 후에 어김없이 선배들한테 집합이 걸린다는 것이다. 운이 좋으면 욕만 조금 먹고 끝나지만 재수 없는 날이면 그걸로 끝나지 않기도 한다. 이래저래 곤욕인 저학년 시절이었다.

내게 능력 주시는자 안에서 내가 모든일을할수있느니라   -빌립보서 4:13-

사랑하는 종훈아-*

게임에 뛰었다는 말을 듣는 순간 하늘을 나르는 기분이었는데 당사자의 기분은
어땠을까 궁금하더구나

우리의 길을 예비해놓으신 사랑의 하나님께서 우리에게 고난을 주신것은 더좋은
미래를 만들어 주시기위한 준비과정이라는것을 우리는 잘알면서도 때로는 낙심하고
방황하는것을 볼때 한치앞도 짐작을 못하는 우둔함을 고백하지않을수없다

어두운밤을 경험한자만이 밝은 햇빛의 고마움을 누리고 소중하게 간직할수있는것처럼
지금껏 잘인내하며 개인연습을 게을리하지 않았던 성실함에 박수를 보낸다

기회가 닥칠때마다 역경을 발견하는 사람보다는 역경이 닥칠때마다 기회를 발견하는
슬기로운 자세로 하루하루를 만들어가는 현명한 종훈이가 되기를 바란다

아빠와 엄마의 장점만을 닮은 네모습속에서 미래의 훌륭한 야구선수를 그려본다

야구를 잘하는것이 중요하겠지만 무엇보다 더중요한것은 그것을 통하여 하나님께서
영광 받으시기를 원하신다는 사실을 항상 기억하고 매사에 성실한자세로 타의 모범이
되는 정말 사람다운 사람이 되어지기를 원한다

사랑하는 종훈아-*

울챙이라는 별명을 가진 친구를 전도했다니 정말 기쁘구나

어려운 환경속에서 있지만 신앙생활을해 고난을 극복할수있는 힘을 마련한다면
지금의 환경을 기회로삼아 하나님과 1:1의 만남을 통해 감사의 생활을 할수있으리라

친구의 환경을 옆에서 바라보며 그것을 쳐다만 보라고 하신것이 아니라 친구에게 없는
매사에 적극적인 자세로 임하시는 훌륭한 아빠를 부모님으로 주신 하나님께 우리는
감사 드려야겠지 ?

위의 성경귀절은 엄마가 가장 즐겨 암송하는 귀절이란다

시시각각으로 어려움이 우리곁을 찾아올지라도 "내게 능력주시자 안에서 내가 모든일을
할수있느리라"는 고백을 한번 되새겨보면 없었던 힘도 솟아나온다는것을 우리는 알수있으리라
자신감은 우리를 변화시킬수있는 커다란 자산이라는것 오늘도 명심하기를 빌며....

　　　　　　1995 . 6 . 26 .　　　　　　　　엄마가 -*

야구를 시작하기 전에는 야구가 치는 것과 던지는 것이 전부라고 생각했는데, 실제로는 체력훈련이 주가 되는 경우가 많았다. 야구를 하면서 뛰는 것에는 이골이 날 정도였다.

중학교 2학년 때였다. 다른 학교로 연습 경기를 갔다가 시합에서 지고 돌아오게 되었다. 단순히 졌다는 게 문제가 아니라 경기 내용이 엉망이었다. 보통은 연습 경기를 마치고 돌아오면 별도의 훈련 없이 집으로 돌아가는 경우가 대부분인데, 이날은 달랐다. 운동장에 집합했다. 무슨 일이 벌어질까 두근두근 긴장하면서 코치님의 말을 기다렸다.

코치님 입에서 "운동장 좌에서 우로 50바퀴! 우에서 좌로 50 바퀴!"라는 말이 나왔다. 운동하면서 많이 뛴다고 뛰어봤지만 운동장 100바퀴를 뛰어본 적은 없었다. 게다가 우리 학교는 운동장이 엄청나게 넓다. 한 바퀴를 크게 돌면 거의 400미터에 육박하는 넓이다. 그렇게 우리는 운동장 100바퀴를 뛰기 시작했다.

코치님도 같이 뛰셨다. 몇 시간을 뛰었는지 모르겠다. 좌에서 우로 50바퀴를 뛰었다. 이제는 반대쪽으로 뛰기 위해서 일단 멈춰 섰다. 멈추긴 했는데, 다리가 알아서 앞으로 움직였다. 죽을 것 같았다. 그만 뛰었으면 좋겠는데(사실 같이 뛰던 코치님이 더 힘들어 보였다) 다시 우에서 좌로 뛰기 시작했다.

그렇게 다시 한참을 뛰었다. 거의 80바퀴쯤 뛰었을까? 동기 중에 한 친구가 쓰러졌다. 내가 보기엔 진짜 쓰러진 건 아니고 이른바 '할리우드 액션'이었다(우리는 흔히 '뺑끼친다'는 표현을 사용했다). 나머지 동기들은 쓰러진 친구를 앞에 두고 코치님의 지시 하에 "같이 뛰자 친구야! 일어나라 친구야!"라고 외쳤다. 물론 속으로는 "제발 일어나지 말고 그대로 누워 있어라!"라고 외쳤다. 내 바람대로 그 친구는 끝끝내 주연 배우급 연기를 계속했고 덕분에 그날은 80바퀴로 마무리되었다. 총대를 메준 친구가 고마웠다. 사실 나는 친구 한 명하고 열의 제일 뒤에서 요령을 피우며 살짝살짝 안쪽으로 뛰어서 덜 힘들기는 했지만, 정말로 100바퀴를 다 뛰었으면 진짜 쓰러지는 사람이 나오지 않았을까.

이해가 중요하다

합격과 불합격의 갈림길: 완벽한 이해

공부를 하면서 어렵고 복잡한 내용일수록 완벽히 정리해둘 필요가 있다. 고시에서 합격과 불합격은 종이 한 장 차이라는 말을 많이 들었다. 이 종이 한 장의 차이를 만드는 것은 바로 내용을 완벽히 이해하고 정리를 했는지 여부라고 생각한다.

어렵고 복잡한 내용은 나에게만 어려운 것이 아니라 모든 사람에게 어렵기 때문에 그런 내용일수록 완벽히 이해하고 정리해두어야 한다. 이런 부분이야말로 합격과 불합격을 가르는 중요한 포인트가 된다. 질문을 하든 다른 참고 자료를 찾아보든 그 내용을 충분히 이해하고 자신이 이해한 내용대로 간단하게 정리해두어야 한다.

나는 복잡한 내용을 공부할 때는 일차적으로 이해하는 것에 중점을 두고, 충분히 이해한 후에는 내가 이해한 방법대로 여백이나 노트에 정리해두었다. 이렇게 함으로써 한참 시간이 지나 다시 공부할 때 복잡한 내용을 상기시키느라 소비되는 시간을 줄일 수 있었다. 그 후에는 책을 덮고 머릿속에서 그 구조가 완벽히 이해될 때까지 계속 떠올려보았다.

머릿속으로 배운 내용을 정리해보는 것은 매우 고통스럽긴 하지만 효과는 만점이다. 공부는 꼭 책상에 앉아서만 하는 것이 아니다. 특히 어렵거나 복잡한 부분은 산책하면서든 장소를 이동하면서든 언제든지 머릿속에 떠올려 정리해봄으로써 확실히 자기 것으로 만들 수 있다.

머릿속에 떠올려보면서 이해되지 않거나 명확히 기억나지 않는 부분은 나중에 다시 책을 찾아보면 된다. 그렇게 찾아본 부분은 기억에 오래 남는다. 책을 찾아보는 과정을 통해 궁금증이 해결되기 때문이다.

사법연수원 1년차 때는 산책을 참 많이 했다. 나는 책상에 오래 앉아 있는 편은 아니다. 한 시간에 한 번 정도는 책상에서 일어난다. 그 편이 집중력을 유지하는 데도 도움이 된다. 공부가 잘 안 될 때는 사법연수원 건물 안이든 밖이든 산책을 많이 했다.

산책하면서 머리를 식힐 때도 있었지만, 노트 필기나 간단한 메모를 가지고 나와 걸으면서 공부했던 내용을 머릿속에 떠올려보는 경우가 많았다. 머릿속에서 완벽히 이해될 때까지 생각하고 또 생각해보았다. 공부가 잘되지 않을 때는 책상에만 앉아 있는 것보다 훨씬 효율적인 공부 방법이었다.

이해는 공부의 첫걸음이다

공부의 첫걸음은 책 내용을 이해하는 것이다. 이해되지 않으면 재미가 없고, 이해가 없는 암기는 사상누각에 불과하다. 만약 이해되지 않는다면 이유는 두 가지 중 하나일 것이다. 가장 큰 이유는 그 내용을 이해하는 데 필요한 기초 지식이 부족해서다.

이때는 일단 이해가 잘되지 않더라도 교과서에 나온 중요한 개념 위주로 한두 번 통독하는 것이 좋다. 교과서에 대한 회독 수가 늘어남에 따라 기초 지식이 축적되기 때문에 자연스레 이해도도 높아지기 마련이다. 다만 이 단계에서는 특히 교과서의 앞뒤 내용이 연결되는 부분을 주의 깊게 봐야 한다. 앞에서 보았던 개념을 전제로 하는 내용이거나 그 개념에 반대되는 내용처럼 교과서 전체에 대한 이해를 바탕으로 하는 부분이 나올 때는 반드시 관련 부분을 다시 한 번 찾아서 읽는 수고를 들여야 한다.

또 이럴 때 '잠정적 판단'을 해보는 것도 좋다. 왜 그러한 결론이 도출되는지 스스로 생각해보는 것이다. 특히 연필 등으로 자신이 생각한 근거를 책에 적어두면 나중에 다시 교과서를 읽게 되었을 때 자신의 판단이 맞았는지, 틀렸다면 왜 틀렸는지 알게 되므로 교과서 내용에 대한 이해도가 한층 높아진다.

둘째 이유는 집중력 부족이다. 정신을 차리고 집중해서 읽으면 충분히 이해할 수 있는 내용임에도 정신이 맑지 않은 상태에서 책을 읽으니 이해가 잘 안된다. 보통은 잠이 오거나 집중력이 흐트러지는 순간이다. 교재 내용이 어려울수록 정도는 심해진다.

잠이 올 때는 특별한 해결책이 없다. 책을 덮고 잠을 자는 것이 가장 좋은 방법이다. 잠이 오는데도 꾸벅꾸벅 졸면서도 자지 않으려 애를 쓰는 사람이 많은데 비효율적인 방법이라고 생각한다. 책상에서 쪽잠을 자고 나서 맑은 정신으로 다시 공부하는 게 더 효율적이다. 잠을 자는 시간을 아까워할 필요는 전혀 없다. 깨어 있는 동안 다른 짓을 하니 공부 시간이 나오지 않는 것이다. 깨어 있는 동안 집중력을 발휘해서 공부하는 편이 훨씬 효율적이다.

반면에 딱히 졸리지는 않은데 교재 내용이 너무 어렵고 잘 이해되지 않아서 집중력이 흐트러질 때가 있다. 이때는 다른 과목으로 바꿔가며 공부하는 것이 좋다. 보통 사람들은 한 과목만 공부하다가 그 과목 공부를 모두 마치면 다른 과목으로 넘어간다. 하지만 난 지겨운 것을 참지 못하는 성격이라서 사법시험을 준비할 때도 항상 메인 공부 과목을 정해놓고 그 과목을 주로 공부하되 지겨울 때 보충적으로 공부할 과목들을 따로 준비해놓았다. 온종일 책상에 앉아서 한 과목만 읽고 있는 게 너무 답답하고 지루했기 때문이다.

메인 과목을 공부하다 집중력이 흐트러지면, 책상 옆에 미리 준비해두었던 다른 과목 책을 꺼내어 공부했다. 예컨대 민법을 주로 공부하다가 집중력이 흐트러지면 형법을 공부하는 식이었다. 며칠 동안 민법만 공부하다가 형법 책을 새로 펴면 왠지 공부에 대한 의욕도 향상되고 집중도 더 잘되는 느낌이었다. 그래도 집중할 수 없을 때는 강의 테이프나 동영상 강의를 이용했다. 혼자서 공부하는 게 지겨울 때는 강의를 들어보는 것도 좋은 방법이다.

3rd

주전을 꿈꿨던
'주전자 선수'

승리하면 배울 수 있다. 그러나 패배하면 모든 것을 배울 수 있다.
– 크리스티 매슈슨. 전 샌프란시스코 자이언츠 투수

 지금은 없어졌지만 내 나이 또래 이상인 사람들은 아마도 '아마추어 야구' 하면 곧 동대문야구장을 떠올릴 것이다. 당시 초등학교 야구시합은 넥센 히어로즈가 홈구장으로 사용했던 목동야구장에서 진행되었는데, 초등학교 야구규격에 맞게 그물 펜스를 쳐놓고 시합을 했다. 중학생 때는 목동야구장과 동대문야구장에서 번갈아 가며 시합을 했다. 고등학교에 올라가서는 시합의 거의 대부분을 동대문야구장에서 소화했다.

 내가 다니던 성남중·고등학교는 사립학교였는데, 같은 교정 내에 중학교와 고등학교가 모두 있었다. 직접 관계를 맺을 일은 별로 없었지만 중학교 야구부실과 고등학교 야구부실이 바로 옆에 붙어

있었던 관계로 중학생 때도 고등학교 선배들에게 꾸벅꾸벅 인사를 하
며 다녔다. 저학년들이 인사를 제대로 하지 않는 날에는 중학교 3학
년 야구부 주장이 고등학교 저학년 선배들한테 혼나는 경우도 있었
고, 그럴 때면 우리에게 곧 피드백이 돌아왔기 때문에 꾸벅꾸벅 열
심히 인사를 해야 했다.

　좋은 점도 있었다. 고등학교 선배들의 시합이 있는 날이면 담임선
생님께 야구 견학을 가야 한다고 말씀드리고 동대문야구장에 가는
일이 많았다. 학교 수업은 늘 들어가기 싫었기 때문에 담임선생님을
어떻게든 잘 설득해서 빠져나와야 했다. 담임선생님의 승낙이 떨어

지면 환호성을 지르며 동기들과 함께 버스를 타고 동대문야구장으로 향했다.

꽤 규모가 큰 전국 대회가 열리는 날이면 동대문야구장은 그야말로 축제의 장이 된다. 시합이 있는 각 학교에서 야구를 좋아 하는 동문들이 모두 모이기 때문이다. 야구장은 곧 작은 동문회장이 된다. 얼큰하게 술에 취해 선배와 후배를 연호하며 추억 속으로 빠져들기도 하고 야구부 후배들을 위한 모금활동도 벌어진다.

어찌 되었건 그날의 분위기는 열광적이다. 평일 야간 경기가 있는 날이면 동대문야구장으로 넥타이 부대들이 몰려가는 모습을 심심찮게 볼 수 있었다. 그런 동대문야구장이 지금은 철거되었다. 많은 사람들의 추억이 담긴 장소인데 이제는 다시 찾을 수 없게 되어 아쉬움이 많이 남는다.

좋아한다고 모두 잘하는 것은 아니니까

　고등학교 야구부의 하루 일과는 보통 아침에 등교해서 1교시 수업을 마치고 야구부실에 가는 것으로 시작한다. 그곳에서 운동복으로 갈아입고 운동장에 나간다. 후배들은 수업을 마치자마자 먼저 야구 장비를 리어카에 싣고 재빨리 운동장으로 나가서 운동장 정리를 한다. 그런 다음에 선배들이 운동장으로 나오고 마지막으로 코치님이 나오신다.

　오전에는 가볍게 몸을 풀고 프리배팅 연습을 한다. 두 시간 정도 연습을 한 후에 야구부실로 올라가서 점심을 먹고, 잠깐 휴식을 취한 후 다시 운동장으로 내려와 오후 운동을 한다. 오후에는 '평고'라고 불리는 수비연습을 하고, 경우에 따라서는 실제 시합과 유사한 상황을 정해놓고 저학년들이 수비하고 고학년들이 배팅하는 훈련을 한다. 겨울에는 날씨가 추워서 기술적인 훈련을 하기가 어렵기 때문에 체력훈련 위주로 훈련을 하고 날씨가 따뜻해지면 기술적인 훈련과 각종 작전에 대한 훈련을 한다.

오후 훈련을 마치면 저녁을 먹고 야간훈련을 하기도 한다. 야간에는 보통 큰 천막으로 둘러싸인 비닐하우스에서 불을 켜놓고 배팅연습을 하거나 스윙연습을 한다. 이것이 공식적인 훈련 일정이다. 공식 훈련이 끝나면 후배들은 장비와 운동장을 정리하고 야구부실로 올라와 야구부실 청소를 마친 후 귀가한다.

몇몇은 공식적인 훈련이 끝난 이후에도 개인적으로 남아서 훈련을 한다. 자신이 부족한 부분을 훈련하기도 하지만 보통은 시간적, 장소적 제약 때문에 스윙연습을 많이 한다. 항상 남아서 개인훈련을 하는 멤버들이 있다. 하는 사람은 계속 남아서 연습을 하고, 하지 않는 사람은 계속 하지 않는다.

나는 대부분 남아서 개인훈련을 하는 쪽이었다. 초등학교 때는 저녁이면 항상 아버지가 나를 데리고 나가 운동을 시키셨다. 어린 마음에 그게 너무 싫었다. 온종일 운동을 하고 집에 돌아오면 그냥 쉬고 싶었는데 아버지께서는 항상 쉬고 있는 나를 밖으로 불러내셨다. 그게 습관이 되었는지, 아니면 중학교에 진학하면서부터는 승부욕이 생겨서 그랬는지 몰라도 중학교에 진학한 이후로는 특별한 사정이 없으면 항상 남아서 개인훈련을 했다.

확실히 개인훈련을 하면 실력을 향상시키는 데 많은 도움이 된다.

다만 항상 억울했던 것은 아무리 남아서 열심히 개인훈련을 해도 단체운동만 마치면 곧바로 집으로 귀가하는 친구가 더 잘하는 경우가 많았다는 것이다. 노력과 실력이 정비례하지 않았다. 나는 아무리 노력해도 '주전자 선수'였다. 어린 마음에 불공평하다는 생각을 많이 했다. '내가 더 열심히 하는데 왜 저 친구가 더 잘하지?'

예체능의 경우, 자신의 노력도 물론 중요하지만 그보다 결과에 훨씬 많은 영향을 끼치는 것은 선천적인 재능이다. 게다가 야구에는 중간이 없다. 능력을 인정받아서 대학에 진학하거나 프로야구선수가 되는 것. 오직 그것뿐이다. 반면에 공부는 선천적인 요소보다 후천적인 노력이 더 많은 영향을 미친다. 물론 머리가 좋으면 더 빠르기야 하겠지만, 좋지 않은 머리라도 열심히만 한다면 충분히 성과를 거둘 수 있다.

공부는 자신이 들인 노력에 비례하여 결과로 나타난다. 야구를 그만두고 공부를 시작하면서 좋았던 것은 적어도 공부는 내가 열심히 한 만큼 비례하여 그 대가가 돌아왔다는 것이다. 그것이 공부에 흥미를 느끼게 된 큰 계기가 되었다. 물론 열심히 하지 않았을 때는 결과가 좋지 않았지만, 노력한 만큼 결과가 나온다는 점은 분명 공부의 매력이었다.

눈물을 흘리며 씨를 뿌리는자는 기쁨으로 거두리로다   (시 126:5)

　사랑하는 종훈아-*

새벽기도를 다닌지가 벌써 4일이 지났구나

기도제목의 첫번째가 할머니 구원문제 두번째가 아빠의 사업문제

세번째는 종훈이의 선수생활에서 꼭 필요한 체격조건과 부상 없는 선수생활로

신실한 믿음으로 하나님께 영광 돌릴수있는것을 마지막 기도제목으로 써서제출하였단다

각자가 써낸 기도제목을 가지고 특별 새벽기도 기간동안 목사님께서 날마다 이름부르며

간구해주신다는 약속이 계셨단다

오늘 아침 6시에 스스로 일어나 운동장을 달리는 종훈이를 바라보며 지금 흘린 땀방울이

조금도 헛되지 않을것을 엄마는 믿어 의심치 않는다

기도하는 마음으로 마운드에 올라 상대방 타자에게 매서운 커브볼을 날리고있을

종훈이를 그려보며 이글을 쓰는 엄마의 감회를 종훈이는 모르리라

언젠가 식사당번때 운동장에서 시합이 있다기에 열심히 설것이를 끝내고 달려갔는데

후배들과 벤치에서서 기회가 주어지면 나가려고 방망이를 휘두르는 종훈이와 눈이

마주치는 순간 손가락으로 브이자를 만들어 흔들었지만 목구멍 깊은곳에서 그순간

뜨거운 그무엇인가가 울컥 치밀어 시선을 다른데로 　피해야만했고 점심 먹은것이

체해 소화제를 남몰래 먹으면서 살벌한 생존경쟁을 피부로 느껴 보았단다

넘치는 선수의 숫자속에서 살아남기위해서는 개인훈련만이 변수라는것을 야구의 무뢰한인

엄마도 깨달을수있었기에 끝까지 포기하지않고 더위에 지쳐 웃옷을 벗고자는 종훈이를

깨워 티셔츠를 입히며 편감독님이 들려준 투수의 어깨보호를위해 잠잘때 옷을 벗지

않는다는 그말씀을 기억하며 매일 실천 하느라 잠에 취한 종훈이를 귀찮게 했었지

끝까지 포기하지않고 열심을다한 보이지않는 눈물이 있었기에 오늘의 종훈이가있고

몸으로하는 야구가 아닌 두뇌야구를 할수있도록 지혜를 주시는 하나님이 계시기에

다른 무엇보다도 더커다란 백이 우리에게는 이미 마련되어있기에 두려울것이 없단다

언제나 우리의 길을 예비해놓으시는 좋으신 하나님께 오늘도 감사를 드리며

큰소리로 화이팅을 외쳐본다

이제는 너그러운 마음가짐으로 고만한마음이 혹여 생길지라도 지난날의 암울했던

기억을 되살려 포용력있는 마음가짐으로 주위 친구들을 돌아보는 넉넉한마음을 종훈이

만이라도 버리지않는 멋진 사나이가 되기를 기도 드린다

　　1995 . 10 .4 .　　　　　　사무실에서 엄마가 -*

여호와는 종훈이에게 복을 주시고   종훈이를 지키시기를 원하며
여호와는 그얼굴로 네게 비취사 은혜 베푸시기를 원하며
여호와는 그 얼굴을 종훈이에게로 향하여 드사
평강 주시기를   원하노라   - 민수기 6:24.25.26 -

사랑하는 종훈아 !
실로 오랫만에   pen을 들어본다.
어느날 저녁   몸이 아파   선것이도 못하고 누워있는
엄마를 대신해   종훈이가 (엄마를 위해)   선것이 해주던
모습을 떠올리며   그날의 글끝이 정했던 감격을
다시한번 떠올려온다.
오늘은 종훈이가   외박 나는날 ?
지나가는 말로   폭고운 닭이 먹고 싶다던 종훈이가
생각나 어제는   남대문 시장에 갔었다.
아무리 먹는것이 보약이라지만   엄마 욕심 같아서는
여름이 되기전에   보약 한제라도   먹이고 싶지만
그것도 마음 뿐이나   안타깝기만 하구나
오직 엄마가   할수있는 일이란   종훈이를 위해
새벽마다   기도 드리는것 밖에는   ㅇㅇㅇ

사랑하는 종훈아-❋

은행에 들려오면서 흐뭇한마음에 미소를 지었단다

조그만 돈이라도 용돈을 절약하여 저금까지할줄알고 할머니 소풍가시는데 용돈까지도
드릴줄아는 종훈이로 자라준것이 너무도 기특하여 만나는 사람마다 종훈이 자랑에
엄마는 하루가 어떡해 가는지도 모를지경이란다

사람이 살아가는데있어서 무엇보다 중요한것은 주위의 사람들을 돌아보며 아주작은
일같지만 넉넉한마음으로 배풀줄아는사람이 제일부자라는것을 종훈이를 통해서 엄마는
깨달았단다 지금도 생각난다 어렸을때 다른아이들보다 유난히 반짝이는 눈동자를 가진
종훈이를 볼때 이녀석은 커서 큰일을할 녀석이라는것을 커다랗고 반짝이는눈을 볼때마다
알수있었기에 지금은 비록 연습게임에 못나간다할지라도 끝까지 포기하지않는믿음으로
종훈이 화이팅을 외칠수있는거란다

보석의 진가는 수차례의 세공과정을 통해 아름다운빛을 발할수있는것처럼 종훈아또한
이모양 저모양으로 훈련과정을 통해 장래 야구계를 이끌어갈 훌륭한선수, 감독님이
되기까지 하나님의 간섭하심이 우리가 바로바로 깨닫지못하는것까지도 미리 예비하셔서
우리의길을 인도하시기에 지금은 동료들보다 뒤져보이지만 인내로써 매사에 정진하다보면
더밝은내일이 미소지으며 종훈이곁을 찾아오리라 엄마는 확신하고있단다

사랑하는 종훈아-❋

위의 성경말씀처럼 하나님은 사랑의 하나님이시기에 우리의 필요한 모든것을 알고 계시지만
정욕으로 구하는 기도보다는 하나님의 영광을 나타내기위한 구체적인 기도를 더기뻐
들어주신다는것을 우리는 알수있는거란다

우리주위에는 좋으신하나님을 모르는 친구들이 너무도 많다는것을 알고있기에
믿는우리가 올바른행실을 통해 그리스도의향기를 날릴수있는 그들의 친구가되어
사랑의하나님을 그들에게 알려야할 책임이 우리에게 있다는것을 늘명심하기바란다

오늘하루도 변함없이 자기와의 싸움에서 승리해야만 더밝은미래를 보장받을수있기에
구슬같은땀을 흘려가며 운동장을 열심히 뛰고있을 종훈이를 향하여 큰소리로 다시한번
화이팅을 외쳐본다

                    1995 . 5 . 4 .   종훈이의 영원한 FAN 엄마가 -❋

고교 야구에서는 보통 3학년들이 주전이 되어 시합에 나가고, 1학년이나 2학년들은 실력이 뛰어난 선수만 예외적으로 시합에 나간다. 나는 고등학교 2학년 때까지만 야구를 했기 때문에 시합에 출전한 경험이 별로 없다. 늘 벤치에서 몸을 풀며 대타로라도 나갈 수 있길 기다려야 했다.

고등학교에 올라가서 시합에 출전한 경험은 2학년 때 딱 두 번, 대타로 나갔을 때였다. 두 시합에서 한 번은 안타를 치고, 한 번은 볼넷으로 출루했다. 출루율 100퍼센트. 이제 다시는 선수로서 야구를 할 일이 없으니, 이것이 마지막 기록이 되어버렸다. 그중 한 번은 우연히도 상대 투수가 지금 삼성 라이온즈에서 활약하고 있는 권오준 선수였다. 봉황대기 전국고교야구대회였던 걸로 기억한다. 8회말 3대 1로 지고 있었고 주자 없이 아웃카운트는 원아웃이었다. 고등학교 3학년인 투수 선배의 타석이었는데, 감독님이 다음 회에 투수 교체를 염두에 두고 그 선배 대신 나를 대타로 투입했던 것이다.

고등학교에 진학해서 처음 출전하는 공식 경기라 정신이 하나도 없었다. 사회인 리그는 마운드가 그렇게 높지 않지만, 당시 아마추어 야구시합이 열렸던 동대문야구장은 마운드가 꽤 높은 편이었기 때문에 실제로 투수와 타자 간의 거리는 엄청나게 가깝게 느껴졌다.

1구와 2구는 모두 스트라이크. 권오준 선수가 언더핸드 투수라서 공이 바닥에 깔려 들어오는 느낌이었다. 낮은 공이라고 생각했지만 모두 낮은 스트라이크존으로 살짝 들어와서 스트라이크가 되었다. 불리한 카운트에 몰리자 바짝 긴장했다. 비슷한 공이 오면 일단 커트를 해야겠다고 생각하고 차분히 3구를 기다렸다.

3구는 바깥쪽 빠지는 볼. 4구는 스트라이크존에 비슷하게 들어오길래 무의식적으로 휘둘렀는데 파울이 되었다. 5구는 다시 볼. 차분히 볼을 골랐다. 6구는 바깥쪽으로 빠른 직구가 들어왔다. 방망이를 휘둘렀는데 타이밍이 딱 맞았다. 하지만 살짝 빗맞아서 포수 뒤쪽으로 가는 파울이 되었다. 파울이 되긴 했지만 점점 타이밍이 맞아가는 느낌이었다. 7구, 이번에는 몸쪽 스트라이크존으로 들어오는 공이었다. 힘껏 방망이를 휘둘렀는데 그 순간 공이 몸쪽으로 휙 하고 휘어져 들어왔다. 직구라고 생각했는데 슬라이더였다. 가까스로 방망이에 맞춰 커트해냈다.

볼카운트 투 스트라이크 투 볼에서 8구가 들어왔다. 바깥쪽 낮은 공. 이번에는 정확히 타이밍이 맞았다. 좌익수 앞에 떨어지는 안타였다. 그렇게 고등학교 시절의 첫 타석은 해피엔드로 마무리되었다.

고등학교 시절 시합 경험이 거의 없는 나로서는 두고두고 자랑할 만한 추억이 되었다. 권오준 선수는 기억조차 못하겠지만 나는 지금도 가끔 야구 이야기가 나오면 자랑삼아 이 이야기를 한다. 권오준 선수가 앞으로 더 잘해준다면 내 추억의 값어치는 더 올라갈 것이다. 권오준 선수가 앞으로도 오래오래 잘해주었으면 좋겠다.

전교 755명 중 750등

중학교 야구부는 학교 수업을 모두 듣는 반면, 고등학교에 진학하면 보통은 1교시만 마치고 운동을 한다. 모든 수업에 참여하는 중학생 때도 성적은 신통치 않았다. 운동부가 공부를 하는 분위기가 아니었기 때문이다. 수업에 들어가서도 딴 짓을 하기 일쑤였고, 시험 기간이라고 해서 특별히 시험공부를 해본 적은 없다. 수업이 끝나면 운동을 시작해서 밤늦게까지 단체훈련을 하고 단체훈련이 일찍 끝나면 몇몇 친구들과 남아서 개인훈련을 했기 때문에 수업 시간은 왠지 쉬는 시간이라는 느낌이 강했다.

고등학교에 진학해서는 꼴찌를 면할 수 없었다. 전교 755명 중 750등. 인문계와 실업계로 분리되는 고등학교에서는 일반 학생들보다 성적을 잘 받는 것은 원천적으로 불가능했다. 시험 시간에는 한 번호로 쭉 찍고 나오는 경우가 다반사였다. 문제를 풀든 한 번호로 찍고 나오든 어차피 점수가 비슷비슷했기 때문이다.

심지어 운이 나쁘면 문제를 풀었을 때가 한 번호로 문제를 찍었을 때보다 점수가 더 좋지 않은 경우도 있었다. 당시 학교 시험은 사지선다형 문제였기 때문에 최소한 한 번호로만 찍으면 20점대 초반부터 30점 언저리까지는 바라볼 수 있었기 때문이다. 그런데 무슨 내용인지 알지도 못하면서 괜히 문제를 풀어보겠다고 까불다가 10점대의 굴욕적인 점수를 받아본 적도 있다. 그나마 성적을 받을 수 있었던 과목은 실기시험이 있는 음악, 미술, 체육이었는데, 체육도 실기시험만 있는 것이 아니라 필기시험과 합산해서 성적이 나오기 때문에 체육 성적도 제일 잘 받아본 것이 '우'였다.

야구를 하다가 그만두면 일반적으로 학교 공부를 해볼 엄두조차 못 낸다. 중학생 때 비교적 빨리 그만두더라도 공부의 기초가 부족하다고 생각하여 일반 대학이 아니라 체육대학을 목표로 공부하는 경우가 많다.

요즘은 내가 야구를 했던 때와는 달리 운동부도 수업에 전부 참여하도록 하고 대회도 주말에만 여는 '주말 리그제'를 실시하고 있다고 한다. 유소년 야구의 저변이 넓지 않아 소수의 엘리트 야구선수를 육성할 수밖에 없는 우리나라의 특성을 고려하되, 중도에 운동을 그만둔 학생들이 낙오되지 않고 일반 학생들과 함께 성장해 나갈 수 있도록 하는 제도가 잘 마련되어 운영되기를 희망해본다.

시간 관리법

졸리면 자라

예전에 '4당 5락'이라는 말이 있었다. 네 시간을 자면 합격이고 다섯 시간을 자면 불합격이라는 말이다. 일부는 맞는 말이고 일부는 틀린 말이다. 물론 절대적인 공부량이 많으면 많을수록 공부를 잘하게 된다. 이것은 불변의 진리다. 다만 문제는 그 효율성에 있다. 단지 책상에 앉아 있는 시간이 길다고 해서 공부를 많이 하는 것은 아니기 때문이다.

책상에 앉아 있는 시간과 공부를 하는 시간이 늘 정비례하지는 않는다. 예컨대 공부 시간을 늘리기 위해 자기 체력에 맞지 않게 잠을 줄여버리면 책상에 앉아 있어도 머리가 맑지 않다. 멍한 상태에서 책을 읽게 되고 심지어 의욕만 앞서서 자는 것도 아니고 깨어 있는 것도 아닌 가수면 상태에서 공부하기도 한다. 정말 무익한 짓이다.

공부는 머리가 최대한 맑은 상태에서 해야 한다. 책상에 앉아서 집중력이 극대화될 수 있도록 잠은 충분히 자는 것이 더 효율적이라고 본다. 사법시험을 공부할 때도, 사법연수원에 들어와서도 잠을 자는 시간을 줄여가면서 공부하지는 않았던 것 같다. 적어도 내 컨디션을 유지할 수 있을 정도의 수면 시간은 반드시 확보했다.

식사 후에 잠이 쏟아지면 너무 길지 않은 범위 안에서 쪽잠을 자는 것이 모자란 잠을 보충하는 데 효율적이다. 의욕만 앞서서 찬물로 세수해가면서 버텨봐야 결국엔 잠들기 마련이라 오히려 시간을 허비하는 셈이 된다. 차라리 잠이 오면 10분에서 20분 정도 자고 나서 맑은 정신으로 공부하는 것이 더 낫다. 시간이 아깝다고 느끼면 잠을 자는 시간을 무리하게 줄이지 말고 깨어 있는 동안 불필요하게 사용하는 시간을 줄이는 데 집중하자.

시간을 쪼개 공부하라

이미 몇 차례 언급했지만, 공부는 책상에 앉아서만 하는 것이 아니다. 상황에 따라 시간을 쪼개 공부하면 효과적이다. 예컨대 책상에 앉아서는 수학을 공부하고, 지겨워질 때쯤 문학을 공부하고, 버스를 타고 다니면서는 영어 단어를 공부하고, 자기 전에는 오늘 공부한 내용을 떠올려보고, 화장실에 갈 때에는 신문 사설을 읽는 식으로 어떤 상황에서 어떤 공부를 할지 미리 계획을 세워놓는 것이 좋다. 시험이 한참 남아 있을 때부터 이렇게 공부할 필요는 없지만, 시험이 임박해서는 일분일초가 아까우므로 시간을 잘 쪼개 공부할 필요가 있다.

처음 야구를 그만두고 공부를 시작했을 때는 아는 것이 전혀 없고 공부해야 할 분량이 엄청나게 많았기 때문에 자투리 시간을 많이 활용했다. 걸어 다닐 때나 버스를 타고 다닐 때는 보통 영어 단어나 수학 공식 같은 단순 암기 사항들을 수첩에 적어놓고 가지고 다니면서 암기했다. 잠들기 직전 시간도 중요하다. 불을 끄고 누워서 그날 배운 내용을 머릿속에 다시 한 번 떠올려보는 것으로도 충분한 복습이 된다.

사법시험을 보기 직전에도 항상 중요한 내용을 적어놓은 수첩을 가지고 다니면서 밥을 먹을 때든 걸어 다닐 때든 버스를 탈 때든 수시로 공부했다. 그렇게까지 공부할 필요가 있을까 싶겠지만 보통 수첩에 적어놓고 다니는 것들은 평소에 잘 이해되지 않거나 외우기 어려운 부분이기 때문에 그 부분만을 반복적으로 볼 수 있다는 점에서 꽤 효율적인 공부 방법이었고, 실제로도 많은 도움을 받았다.

버티라, 그러면 이긴다

공부는 대체로 재미가 없다. 그 어떤 공부가 노는 것보다 재미있을 수 있을까? 공부 그 자체보다는 힘들고 재미없는 과정을 버텨내었을 때 얻는 결과의 달콤함이 공부를 열심히 할 수 있는 원동력이 되는 것 같다.

사법시험은 몇 년 이상을 꾸준히 공부해야 합격할 수 있는 시험이기 때문에 어떤 날은 열의에 불타올라 열심히 공부하지만, 어떤 날은 책상에 앉아 있는 것조차 힘이 들 정도로 공부가 안될 때가 있다. 또 공부가 잘되다가도 어느 순간 책이 읽히지 않아 뛰쳐나가고 싶을 때도 많다. 사법시험을 준비할 때도, 사법연수원에 입소해서 공부할 때도 저녁 10시 정도만 되면 집에 가고 싶어서 엉덩이가 들썩거렸다.

그럴 때면 12시까지는 공부를 하든 하지 않든 무조건 독서실에 남아 있겠다는 원칙을 세웠다. 책상에 앉아 공부하다가 어느 순간을 참지 못하고 집에 가버리면 그날 공부는 공치는 날이 되지만, 아무리 공부가 안 돼도 한 시간 정도만 지나면 신기하게도 다시 집중력이 생기고 공부가 잘되는 경우가 많았다.

공부가 안될 때는 잠을 한숨 자기도 하고, 산책하기도 하고, 음악을 듣기도 하는 등으로 휴식을 취해주면 좋다. 버티자. 버티면 된다. 공부가 안될 때는 최소한 몇 시까지는 독서실에 나오고, 몇 시까지는 무슨 일이 있어도 독서실에서 나가지 않겠다는 원칙만 세워놓으면 오히려 마음이 편하다.

100퍼센트 달성 가능한 계획을 세우라

공부할 때는 계획을 세우는 것이 좋다. 계획은 전체적인 계획과 세부적인 계획을 나누어 세우는 것이 좋은데, 예컨대 1년 단위로 큰 틀에서 계획을 세우고 다시 그 안에서 일주일 단위든, 한 달 단위든 세부적인 계획을 세우는 것이다.

계획을 세울 때에는 현실적으로 달성할 수 있는 범위 안에서 세워야 한다. 너무 빡빡하게 세워놓으면 분명히 며칠 가지 못해 실패할 것이기 때문에 금방 계획이 물거품이 된다. 또 달성하기 어려운 목표를 설정해놓으면 목표를 달성하지 못했을 때 받는 정신적 데미지가 크다.

나는 무조건 100퍼센트 달성할 수 있는 계획을 세워놓고 계획을 충족하고 시간이 남았을 때 다시 초과로 달성해야 할 보충적인 계획을 함께 세워놓았다. 예컨대 '앞으로 5일간 민법총칙을 한 번 읽고, 남는 시간에는 헌법소송 부분을 독파한다'는 식이다.

계획을 빡빡하게 짜놓기만 하고 하루 단위 계획을 달성하지 못하면 왠지 열심히 하지 못했다는 자괴감에 빠지지만, 100퍼센트 달성할 수 있는 계획을 짜놓으면 내가 열심히 해서 계획을 이미 달성하고 추가로 공부를 더 했다는 생각이 들기 때문에 열심히 한다는 자신감을 가질 수 있었다. 사실은 별것도 아니지만, 이런 사소한 것 때문에 슬럼프에 빠지기도 하므로 반드시 달성할 수 있는 계획을 세우는 편이 좋다.

또한 계획을 세울 때는 하루 단위로 세우는 것보다 일주일 단위로 세우는 것이 좋다. 하루 단위로 세우면 계획을 달성하기 위해 지나친 스트레스를 받는다. 사람에 따라 하루 단위로 세운 계획을 달성하려 더 열심히 하는 사람도 있을 수 있겠지만, 나 같은 경우는 그렇게 빡빡하게 계획을 짜면 오히려 공부하는 게 목표가 아니라 계획 달성이 최대의 목표가 되어버리는 경우도 많았고, 분량을 기준으로 계획을 짜면 책 내용이 충분히 이해가 되지 않았음에도 계획 때문에 대강대강 책을 보는 문제점이 생겼다.

그래서 나는 5일에서 10일 정도 단위로 시간표를 짰다. 이렇게 계획을 짜면 컨디션이 좋지 않은 날은 집에 조금 빨리 갈 수도 있고, 컨디션이 좋은 날은 밀린 진도를 한꺼번에 나갈 수 있어서 스스로 어느 정도 컨디션을 조절할 수 있다는 장점이 있다. 반드시 이 방법이 좋다고는 말할 수 없지만, 여러 가지 시행착오를 겪어본 결과 내게는 이 방법이 가장 효과적이었다.

4th

'윈포자',
공부를 시작하다

믿고 첫걸음을 내디뎌라. 계단의 처음과 끝을 다 보려고 하지 마라.
그냥 발을 내디뎌라.
— 마틴 루서 킹

운포자: 운동을 포기한 사람

⚾ 꿈을 포기하다

 나는 7년간 야구를 했지만 썩 잘하진 못했다. 자존심이 세고 지기 싫어하는 성격 때문에 야구를 하면서 내내 스트레스를 받았다. 내가 야구 자체를 좋아하는 것과는 별개의 문제였다. 오히려 잘하지 못했기 때문에 발생하는 야구 외적인 이유로 야구가 싫어지기도 했다.

 고등학교 1학년 때까지만 해도 희망이 있었다. 아직 2년이라는 시간이 남아 있기도 했다. '내가 열심히만 하면 충분히 야구를 잘하게 되지 않을까' 하고 생각했다. 열심히 운동했다. 단체훈련뿐만 아니라 단체훈련 이후에도 대부분 남아서 개인훈련을 했다. 그렇게 1년 이상을 보냈다. 열심히 했기 때문에 실력도 그만큼 늘긴 했다. 하지만 기대했던 만큼은 아니었다. 좌절감이 컸다. 그런 상태가 계속되었고,

고등학교 2학년 여름이 지나면서부터 장래에 대해 막연하게 걱정하기 시작했다. 단체 운동이 끝나고 혼자 야구부실 뒤 벤치에 멍하니 앉아서 한숨을 쉬는 일이 잦아졌다. 하지만 야구를 그만둔다는 건 상상하지도 못할 일이었다. 그건 내가 생각해볼 수 있는 범주를 넘어선 영역이었다.

고등학교 2학년 10월. 제주도에서 열렸던 전국체전을 마치고 열흘 정도 휴가를 받아 집에서 쉬고 있을 때였다. 아버지가 방으로 부르셔서 말씀하셨다. "야구를 그만두는 것도 한번 생각해보지 않겠느냐. 하지만 만약 네가 야구를 계속하기를 원한다면 끝까지 지원해주겠다"라는 취지셨다. 내가 상처를 받을까봐 굉장히 조심스레 말씀하셨던 것 같다. 나로서는 전혀 예상치 못했던 선택지였지만, 의외로 담담했다. 그때쯤엔 이미 나 역시도 내가 더 노력한다고 해서 해결될 문제가 아니라는 사실을 알고 있었기 때문인 것 같다. 딱히 미래에 대한 희망이 없었던 그런 상태. 그래서 전혀 생각지도 않았던 선택지였지만 결정이 빨랐다.

일주일 정도 고민 끝에 야구를 그만두기로 마음먹었다. 야구를 그만두고 공부를 해서 성공할 수 있다거나, 무언가 다른 계획이 있었던 건 전혀 아니었다. 단지 야구를 계속한다는 것이 무의미하게 느껴졌을 뿐이다. 어차피 야구로 대학에 진학하거나 프로에 가지 못할 것이라면 야구선수로서의 생명을 1년 더 연장한다는 게 아무런 의미가 없다는 생각이 들었다. 막상 야구를 그만둘 결심을 하고 나니 오히려 홀가분한 마음도 들었다. 그동안 쌓인 스트레스가 엄청 컸기 때문이다.

　내가 야구선수로서 성공하지 못한 이유는 둘 중 하나일 것이다. 나의 노력이 부족했거나, 아니면 선천적인 재능이 부족했거나. 하지만 자존심 센 성격 때문인지 혹은 내 노력으로 할 수 있는 것 이외의 것으로 좌절을 겪는 상황을 받아들일 수 없다는 생각 때문인지 지금도 내가 야구선수로서 성공하지 못한 것은 선천적인 재능이 부족해서라고 생각한다. 야구를 좋아하는 마음만은 누구에게도 뒤지지 않았다. 하지만 돌이켜 생각해보면 나는 야구선수로서 재능은 뛰어나지 않았던 것 같다. 재능과 재미라는 두 가지 요소를 모두 갖춘 천직을 갖는다는 것이 쉽지 않은 일이라는 것을 어린 나이지만 깨닫게 되었다.

　7년 동안 꾼 꿈을 포기함으로써 청소년기를 허비했다고 부정적으로 생각할 수도 있지만, 돌이켜 생각해보면 7년간 야구선수로 살아온 삶이 없었다면 지금의 나도 없었을 것이다. 남들보다 일찍 경험한 실패는 많은 것을 배울 수 있게 했고, 다른 무엇으로도 얻을 수 없는 내 삶의 자양분이 되었다.

사랑하는 중호야 ♡

그토록 좋아하던 야구를 그만둔다고 결심을 고백했을 때
엄마는 하늘이 노랬지만 / 새벽부터 일어나 땀을 흘리며
운동장을 달리고 기도하는 마음으로 마운드에 올라 상대방 타자에게
매너운 커브볼을 날리던 멋진 중호의 모습도 좋았지만 /
쪼매 틀라 벤치에 서서 대타로 호명해줄 기회를 느리며
몸도 풀고있었던 중호야 마주쳤을때 손가락으로
브이자를 그려보였지만 / 속엔 걸은것에니 뜨거운 그무엇이
울컥치밀어 올라 얼굴을 돌렸던 / 엄마는 사랑한다 /
↘오늘까지도

「지금까지 ▨▨ 야구에 최선을 다했던것처럼
이제 시작한 공부가 어렵더라도 최선을 다한다면

꼭 좋은 결과가 있으리라고 믿는다.
공부의 결과가 안되않는 상황에서
운동보다 공부가 더 어렵겠지만, 잘해 내거라
엄마는 믿는다 화이팅 !!

열정은 때로 재능을 이기지 못한다

나는 '운포자(운동 포기자)'다. 실패와 좌절을 너무 빨리 경험했다. 야구밖에 모르는 청소년 시절을 보냈는데, 야구를 그만두게 되었다. 이제는 야구선수로서의 꿈을 포기했으니 공부라도 해야 할 것 같은데, 막상 어떻게 공부를 해야 할지 전혀 몰랐다.

부모님께서는 부담을 덜어줄 요량으로 "일단 공부를 해보고, 안 되면 스포츠용품 전문점이라도 차려주겠다"고 말씀은 하셨지만, 우선 전문대학에라도 진학하길 원하셨다. 하지만 막상 야구를 그만두고 나니 너무 막막했다.

야구선수 시절에는 보통 수업에 들어가지 않거나 1교시만 마치고 운동을 하러 가는 경우가 대부분이었다. 대회가 없는 기간이라도 오전 수업만 듣고 나오는 정도였기 때문에 공부와는 완전히 담을 쌓고 지냈다. 수업 시간에는 선생님 몰래 학교 수업과 무관한 책을 읽거나 밤에 남아 개인연습을 하느라 부족한 잠을 잤다. 선생님 중에는 "운동선수들은 커서 자기 이름도 한자로 못 쓰는 경우가 있다. 이름이라도 한자로 쓸 수 있어야 한다"면서 수업 시간 내내 한자로 이름을 쓰도록 하고 수업이 끝날 때 검사하는 선생님도 계셨다.

공부에 대해서 아는 것이 하나도 없었지만 일단은 공부를 시작하기로 하고 무작정 영어사전과 고등학교 2학년 영어 참고서를 샀다. 아는 단어가 한 개도 없었다. 사전을 찾는 법도 몰랐다. 단어 하나를 찾는 데 시간이 한참 걸렸다. 고생 끝에 단어를 찾았지만 이번에는 발음기호를 읽을 줄 몰랐다. 말 그대로 맨땅에 헤딩하는 기분이었다.

영어는 그렇게 맨땅에 헤딩이라도 하며 공부를 시작했지만 수학은 기초가 없어서 애초에 공부를 시작할 엄두조차 내지 못했다. 그렇게 몇 주를 우왕좌왕했다. 야구를 그만둘 당시가 고등학교 2학년 10월이었으니 고등학교 2학년 교과서와 참고서를 구매해서 읽었는데(운동할 때는 교과서도 없었다), 무작정 읽는다고 될 일이 아니었다.

한참을 고민 끝에 동네 헌책방에서 중학교 1학년 영어, 수학 교과서를 사서 공부하기 시작했다. 평생 공부란 걸 해본 적이 없었기 때문에 누군가의 도움이 필요했다. 학원이라도 다녀볼까 생각했지만, 당시 열여덟 살이었던 내가 중학교 1학년들과 함께 학원에서 수업을 듣는다는 것도 이상했다. 결국 부모님이 과외를 구해주셨다. 기초가 전혀 없는 영어, 수학은 과외를 받고 나머지 과목들(국어, 사회,

과학)은 집 근처에 있는 학원에 다녔다.

중학교 1학년 영어책을 보니 이제야 공부가 조금은 할만 했다. 그 당시에는 'daddy'나 'sad'와 같은 기초적인 단어도 몰랐다. '대디'가 아빠라는 건 알았지만 'daddy'라는 스펠링은 몰랐다. 'I love you'도 들으면 알지만 쓸 줄은 몰랐다.

발음기호를 보고 읽는 것도 익숙하지 않아서 그때 만들었던 영어 단어장을 보면 'daddy(대디) 아빠', 'sad(새드) 슬픈' 이런 식으로 한글로 발음을 써놓기도 했다. 어려웠지만 한편으로는 지금껏 경험해 보지 못했던 공부가 재미있기도 했다. 길거리를 돌아다닐 때 간판에 쓰여 있던 영어를 전혀 읽지 못했는데, 조금씩 읽을 수 있게 되자 신기했다.

수학은 중학교 1학년 과정도 쉽지 않았다. 오히려 공부를 조금 더 하고 나서는 고등학교 1학년이 배우는 '공통수학'이 더 쉽게 느껴졌던 것 같다. 중학교 1학년 수학을 하면서도 초등학교 때 배우는 통분을 할 줄 몰라서 분모는 분모끼리, 분자는 분자끼리 더하는 줄 알았으니 더 이상 할 말이 없을 정도였다.

어찌 되었건 운동을 하다가 하지 않으니 남는 건 체력이었고, 워낙 아는 것이 없어서인지 흡수력은 빨랐다. 그렇게 본격적으로 학생으로서 첫걸음을 내딛기 시작했다.

중학교 1학년 과정을 공부하면서부터는 어떤 식으로든 이해할 수 있었기 때문에 공부에 조금은 흥미를 느끼게 되었다. 야구에 실패한 이상 공부라도 열심히 해야 한다는 생각이 많았다. 남아도는 체력을

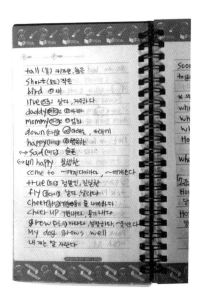

고2 때 만든 영어 단어장

바탕으로 새벽 3시 정도까지 공부하고, 아침 7시에 일어나는 강행군을 계속했다. 재미있는 건 공부를 전혀 해보지 않았기 때문에 일반 학생들의 생활 패턴을 몰랐다는 것이다. 그래서 웬만큼 공부를 하는 학생이라면 당연히 그 정도는 하는 줄 알았다. '4당 5락'이라는 이야기를 어디서 주워듣고 와서는 고3은 잠을 네 시간 이상 자지 않는 것이 당연하고, 나는 남들보다 한참 부족하니 더 열심히 해야 한다고 생각했다.

수업 시간에 들어가서는 학교 수업을 전혀 따라갈 수가 없었기 때문에 선생님 몰래 중학교 1학년 영어, 수학을 공부했다. 쉬는 시간에도 잠깐 화장실을 다녀오는 시간을 제외하고는 계속 책상에 앉아서 공부했고, 점심시간에도 밥을 먹고 잠깐 쉴 때를 제외하고는 책상에 계속 붙어 있었다. 마음은 급하고 해야 할 것은 많은데, 진도는 여전히 중학교 1학년 교과서에 머물러 있었다. 중학교 1학년 과정이라고 해서 그렇게 호락호락하진 않았다.

그래도 열정만큼은 최고였다. 내 인생에서 가장 공부를 열심히 한 기간 중에 하나다. 걸어 다니거나 버스를 타고 다니면서도 영어 단어를 외웠고, 수학공식을 암기했다. 잠을 자면서도 그날 공부했던 내용에 대한 꿈을 꿨다. 지금 생각해보면 어떻게 그렇게 열심히 공부했는지 신기할 정도로 공부만 하면서 보낸 시간이었다.

야구선수 시절 일반 학생들이 가장 부러울 때는 토요일이었다. 특별한 사정이 없으면 야구부는 토요일과 일요일에도 훈련하는 것이 보통이다. 그래서 토요일 1교시를 마치고 운동복으로 갈아입고 운동하고 있으면 12시가 조금 못 되어서 저기 멀리서 들뜬 표정으로 하교하는 학생들이 보였다. 즐겁게 토요일 오후를 보낼 수 있는 친구들이 그렇게 부러울 수가 없었다. 특히 토요일은 운동을 마칠 무렵 장거리 러닝을 하곤 했기 때문에(보통 월요일은 50미터 단거리, 화요일은 100미터 단거리, 수요일은 200미터, 목요일은 400미터, 금요일은 800미터, 토요일은 장거리 러닝을 하는 식으로 운동 스케줄이 짜여 있었다) 더더욱 부러운 눈으로 친구들의 하교하는 모습을 바라보곤 했다.

그런데 야구를 그만두고 공부를 시작하면서부터는 상황이 바뀌었다. 토요일 오전 수업을 마치고 집으로 돌아가는 길이면 멀찍이서 친구들이 야구하는 모습이 보였다. 그러면 가던 길을 멈추고 그 모습을 한참이나 바라보았다. 야구하는 친구들이 한없이 부러웠다. 야구를 그만두게 되었던 게 야구 자체가 싫어서가 아니라 부득이하게 그만둔 것이기 때문에 얼마 전까지만 해도 함께 운동했던 친구들이 운동장을 뛰어다니는 모습이 그렇게 재미있어 보일 수가 없었다.

남의 떡이 커 보인다고 했던가? 처지가 바뀌고 나니 생각이 달라졌다. 물론 그 모습을 보면서 이제 다시는 야구를 할 수 없게 되었으니 공부에서만큼은 실패를 반복하지 않겠다는 결심을 했지만 말이다.

야구를 그만두고 처음 공부를 시작할 때가 가장 힘들었다. 평생 해보지 않았던 공부를 하려니 정말 죽을 맛이었다. 책상에 앉으면 10분이 지나기도 전에 졸음이 쏟아졌다. 한 가지 확실한 건 피곤하지는 않은데 잠이 온다는 것이었다. 이때만 해도 운동을 하다가 그만둔 때라 체력이 오히려 남아돌아서 문제일 정도였는데, 책만 펴고 앉아 있으면 이상하게도 멍한 상태가 되고 얼마 지나지 않아 눈꺼풀이 무거워지면서 잠이 왔다.

시트콤에서나 나올 법한 이야기가 내겐 현실이었다. 찬물로 세수도 해보고, 밖에 나가서 찬바람을 쐬어보기도 하고, 운동도 해보고, 별짓을 다 해보았지만 하나도 소용이 없었다. 세수해도 그때뿐이었고 다시 책상에 앉으면 어김없이 잠이 쏟아졌다.

잠이 오지 않을 때는 좀이 쑤셔서 온몸이 근질근질했다. 20분 이상 책상에 앉아 있기가 어려웠다. 20분 단위로 공부를 하다가 쉬고, 다시 20분을 공부하는 방식으로 겨우겨우 책상에 앉아 있었다. 그야말로 진퇴양난이었다.

나중에 알게 된 것이지만 책상에 앉아서 공부하는 습관이 전혀 들어있지 않아서 생기는 일종의 부작용이었다. 공부를 시작한 후 2~3개월 정도 꾸준히 책상에 앉아서 공부하는 습관을 들이자 졸음이 쏟아지는 이상한 현상은 차츰 사라지게 되었고, 책상에 앉으면 적어도 한 시간 정도는 집중력을 발휘할 수 있게 되었다. 이러한 현상은 공부를 하지 않다가 하게 된 사람이라면 누구나 한 번쯤 겪는 문제다. 이 문제를 해결하는 방법은 한 가지뿐이다. 참을성을 가지고 책상에 앉아서 공부하는 습관을 들이는 것이다.

어떤 것이든 못하면 재미가 없고 잘하면 재미가 있다. 재미가 있으면 잘하게 된다. 야구를 할 때도 체력훈련을 하든 타격훈련을 하든 그 과정은 고통스럽고 힘들지만, 이것을 통해서 좋은 결과를 거두었을 때의 기쁨과 즐거움을 위해 고통스러움을 참고 버틸 수 있다. 밤새도록 방망이를 휘두르는 일은 고통스럽지만, 다음 날 배팅훈련을 할 때 좋은 타격이 나오면 전날의 고통은 깨끗이 날아가고 기쁨과 즐거움만이 남기 마련이다. 그리하여 또다시 밤에 남아서 개인연습을 한다.

공부도 마찬가지다. 공부는 기본적으로 재미가 없다. 하지만 결과의 달콤함을 알기 때문에 참고 버틸 수 있다. 고기도 먹어본 사람이 많이 먹는다는 말이 괜한 말이 아닌 것 같다. 힘든 순간을 참고 견뎌 냈을 때 자신에게 돌아온 보상을 경험해본 사람은 또다시 힘든 순간을 이겨내지만, 항상 그 순간에 좌절하고 포기하는 바람에 달콤한 보상을 누려보지 못한 사람은 다시금 그 문턱에서 좌절하고 만다. 이기는 사람은 계속 이기고, 지는 사람은 계속 지는 현상이다.

공부를 잘하는 사람은 계속 공부를 잘하게 되고, 공부를 못하는 사람은 계속 못하게 되는 현상. 이것은 비단 공부에 한정된 이야기는 아닐 것이다. 나는 이것을 선순환의 연속, 악순환의 연속이라고 부른다. 현재 공부를 못하는 사람일지라도 이 악순환의 고리만 한 번 끊어낸다면 공부를 잘하게 되는 선순환의 고리로 들어설 수 있다. 처음이 가장 어렵다. 악순환을 끊어내는 첫 단추는 오직 의지력이다.

꼴찌를 위한 수준별 학습법

내가 처음 공부를 시작했을 때 만약 중학교 1학년 영어, 수학부터 공부하지 않고 고등학교 교과서부터 공부했더라면 결과가 어땠을까? 지금 와서 생각해보면 그때 중학교 1학년 과정부터 차근차근 공부를 시작했던 것이 가장 잘한 선택이었던 것 같다. 일단 내용이 이해가 되지 않으면 재미가 없다. 공부하면서 내용이 어느 정도는 이해돼야 공부에 흥미가 생길 텐데 아무리 읽어도 도무지 이해가 되지 않는다면, 공부를 열심히 하겠다고 아무리 굳게 다짐을 하더라도 오래가지 못한다. 의지만으로 해결될 수 있는 문제가 아니다.

이해가 되지 않는 이유에는 여러 가지가 있을 수 있지만 가장 큰 이유는 이해에 필요한 기초 지식이 부족하기 때문이다. 나 역시 고등학교 2학년 말에 야구를 그만두고 처음 공부를 시작했을 때, 중학교 1학년 수준의 실력을 갖추고 있으면서도 내신시험을 위해 고등학교 2학년 교과서를 공부한 적이 있다. 정말 머리가 터져버릴 것 같았다. 한글로 된 책이었지만 무슨 소리인지 전혀 이해가 되지 않았다.

야구부 시절 내 자리는 교실 맨 뒷자리에서도 가장 구석 자리였다. 야구를 그만두고 나서도 계속 그 자리에 앉아서 공부를 했다. 뒷자리에 앉은 덕분인지 주변에는 공부에 별로 흥미가 없는 친구들이 많았다. 지금 생각해보면 그 친구들도 공부를 열심히 해보고 싶다는 욕망은 강했던 것 같은데, 마음을 먹고 공부를 시작하고 나서는 금방 공부에 대한 흥미를 잃었던 것 같다.

꼴찌들은 대부분 공부를 하겠다고 마음을 먹고 급한 마음에 자신의 학년에 해당하는 교과서를 펴고 공부를 한다. 당연히 이해가 되지 않고 재미도 없다. 결국 얼마 가지 않아 공부를 포기하게 된다. 그리고 공부가 적성에 맞지 않는다고 이야기한다.

학교시험이 얼마 남지 않아 부득이하게 내신준비를 해야 하는 경우라면 어쩔 수 없지만, 그런 경우가 아니라면 자신의 수준이 어느 정도인지 정확하게 파악하고 그 수준에 맞추어 공부를 시작하는 것이 좋다.

자신이 고등학생이라도 고등학교 영어, 수학 교과서가 아닌, 중학교 교과서(보통은 해설이 풍부하게 달린 참고서)부터 공부를 시작하는 것이 정답이다. 재미가 없는 이유는 이해가 되지 않고 문제가 해결되지 않기 때문이다. 교과서 자체가 단계적 순서로 편제되어 있기 때문에 자신의 수준에 맞는 단계에서부터 차근차근 올라가면 그 내용이 이해되고, 문제가 해결되면서 공부에 흥미를 느끼게 된다. 그렇게 기초를 닦은 후에 자기 학년에 해당하는 공부를 해야 비로소 이해가 되고 문제가 해결된다. 중학교 교과서도 1년이라는 시간에 걸쳐 진도를 마치게 되지만, 고등학생이 된 이후 다시 중학교 내용을 본다면 사실 시간도 얼마 걸리지 않는다.

수능시험 공부를 할 때도, 사법시험을 공부하면서도 느낀 것은 '돌아가는 길이 결국엔 가장 빨리 가는 길'이라는 것이다. 마음을 느긋하게 먹고 자기 수준에 맞는 공부를 하면서 차근차근 기초부터 단계를 밟아가는 게 가장 빠른 길이다.

⚾ 닥치고 암기

고등학교 2학년 10월에 야구를 그만두고 12월초쯤 처음으로 학교 기말고사를 보게 되었다. 야구를 그만두기 전 전교 석차는 755명 중 750등이었고 반에서는 52명 중 51등이었다. 그나마 우리 반에 야구부가 나를 포함해 두 명이었기 때문에 간신히 꼴찌를 면할 수 있었다. 기말고사를 볼 당시 중학교 1학년 영어, 수학을 공부하고 있었던 나는 내신을 위해 기말고사를 최대한 잘 봐야 하는 상황이었다. 다른 과목들은 적어도 한글로 쓰여 있기 때문에 그나마 상황이 좀 나았지만, 문제는 영어와 수학이었다.

할 수 없이 고등학교 2학년 영어, 수학 참고서를 무조건 외우기 시작했다. 아무런 기초가 없는 상태에서 당장 성적을 조금이라도 잘 받기 위해서는 그 방법뿐이었다. 영어는 일단 한글로 쓰인 해석을 통째로 암기하고, 영어로 된 본문은 영어사전으로 단어를 하나하나 전부 찾았다. 거의 모든 단어가 모르는 단어였기 때문에 한 페이지에 있는 영어 단어를 다 찾는 데만 한두 시간씩 걸렸다. 일단 영어단어를 다 찾은 다음에는 단어를 암기하고, 어느 정도 단어가 눈에 익은 다음부터는 해석을 보면서 영어로 된 본문을 수없이 반복해서 읽었다. 그렇게 반복을 해도 중학교 1학년 영어를 공부하던 내 실력으로는 해석이 잘되지 않았다. 그나마 해설 부분을 외운 기억으로 드문드문 해석을 이어나갈 수 있을 정도였다.

학교시험에서는 대부분 교과서를 중심으로 출제되기 때문에 이 정도면 충분히 문제를 풀 수 있을 것이라 생각했다. 그런데 막상 시험 당일에 예상치 못했던 문제가 발생했다. 풀어야 할 문제와 그 지문이 영어로 되어 있었던 것이다. 영어시험을 사실상 처음 본 것이기에 문제가 영어로 되어 있다는 사실도 그때 처음 알게 되었다. 문제와 그 지문을 해석할 수가 없으니 당연히 그 문제를 제대로 풀 수가 없었다. 기지를 발휘해서 눈치껏 정답을 고르긴 했지만, 영어에서는 기대했던 것만큼 점수를 얻을 수 없었다. 교과서에서 그대로 나온 부분은 어느 정도 맞힐 수 있었지만, 문법이나 기본 영어 실력이 있어야 풀 수 있는 문제들은 손도 대지 못했다.

수학도 문제였다. 나는 당시 중학교 1학년 수학을 공부하고 있었는데, 이과였던 관계로(야구부는 본인의 선택과 무관하게 이과로 배정되었다) 미적분과 확률, 통계 부분이 시험 범위였다. 도저히 이해하기 어려운 내용이었다. 온통 숫자와 그래프로 뒤덮여 있는 교과서는 나를 공황 상태에 빠지게 했다.

나는 무작정 외우는 것을 매우 싫어한다. 무작정 외우는 것은 전혀 공부에 도움이 되지 않을뿐더러 시간이 지나면 금세 머릿속에서 지워지는 휘발성 지식에 불과하기 때문이다. 다만 그 당시에 내가 할 수 있는 최선의 방법은 암기였다. 어찌 되었건 시험 범위를 무조건 외우기 시작했다. 지금 생각해보면 수학 문제의 답을 외운다는 건 정말 말도 안 되는 방법이었지만 실행에 옮겼다. 학교시험의 경우 기본 문제들은 교과서의 예제와 연습문제 등을 숫자만 바꾸어서 그대로 출제하는 경우도 있었기 때문에 암기한 문제와 답들이 실제 시험에서도 조금은 출제되었다. 물론 수학이라는 과목 특성상 문제와 답을 암기하더라도, 문제의 내용을 조금만 변경하면 문제를 맞힐 수 없기 때문에 실제 점수는 형편없었다. 영어와 수학 그리고 수학적 기초가 필요한 물리를 제외한 다른 과목들은 적어도 읽을 수는 있으니 감사하다는 생각이 들었다. 이 과목들은 그래도 공부를 할만 했다.

공부하면서 느낀 점은 처음에 읽을 때는 도저히 모를 것 같은 부분도 두세 번 반복해서 읽다보면 자연스럽게 이해되는 부분이 생긴다는 것이다. 당시에는 책을 읽으면서 최대한 이해하려고 노력했고, 이해가 안되는 부분은 나름의 이유를 가져다 붙이면서 암기 분량을 줄이려 노력했다. 이 기간에는 자면서도 꿈에서 낮에 공부했던 내용을 복습하곤 했다. 의욕만큼은 최고였던 시기였다.

시험 전략

이미지 트레이닝

운동할 때 '이미지 트레이닝'이라는 것을 배웠다. 시합을 앞두고 1~2주 정도 전부터 시합 당일 모습들을 머릿속으로 그려보는 것이다. 기상 시각부터 출발 시각, 시합 전에 몸을 푸는 방법, 시합이 시작되었을 때 어떤 상황이 발생하면 이렇게 대처하겠다던가, 투수가 이렇게(직구 또는 변화구, 몸쪽 또는 바깥쪽) 던지면 저렇게 치겠다는 등 경기 중에 일어날 수 있는 여러 상황들을 미리 그려보는 것이다.

사실 가장 좋은 방법은 평소에 이런 상황들에 대해 반복하여 훈련함으로써 그 상황이 닥쳤을 때 무의식적으로 대처하는 것이겠지만, 보충적으로 위와 같은 이미지 트레이닝을 하며 시합 당일 항상 명심하고 있어야 할 상황들에 대한 대비책을 마련해놓는 것이다.

이러한 이미지 트레이닝은 비단 시합 직전뿐만 아니라 평상시 훈련 중에도 유용하게 사용할 수 있다. 단체훈련 이후 밤에 혼자 남아서 스윙연습을 할 때도 무작정 배트를 휘두르면 실력 향상에 아무런 도움이 되지 않는다. 배트를 한 번 휘두를 때마다 머릿속으로 투수의 이미지를 그려보는 것이다. 왼손 투수인지, 오른손 투수인지, 구질은 무엇인지, 어느 코스로 공을 던지는지 머릿속으로 그려보면 어두운 저편에 투수의 모습이 희미하게 보이는 것 같다. 그렇게 이미지를 떠올리며 스윙연습을 반복적으로 하다보면 실제로 타격 연습을 할 때도 밤새 머릿속으로 그리면서 대처했던 공략 방법대로 몸이 반사적으로 움직인다.

나는 시험을 준비하면서도 이미지 트레이닝 기법을 나름대로 적용했다. 시험 당일이 다가오면 시험 당일부터 역산하여 며칠 동안 공부해야 할 내용에 대해 미리 계획을 세워둔다. 또 시험 전날 공부해야 할 내용과 시간이 지나면 금방 기억 속에서 지워지는 단순 암기 사항 등 필수 체크 사항을 미리 정리해둔다.

아울러 시험 전날은 무엇을 공부할 것이며, 다음 날은 몇 시쯤 일어나서 무엇을 먹고, 언제쯤 집을 나서서 시험장에 몇 시쯤 도착하겠다, 시험장에는 어떤 책들을 준비해 갈 것이며, 시험장에 도착한 직후에는 어떤 공부를 어떻게 할 것이다 등에 대해 미리 머릿속에 그려본다.

만약 시험장에서 시험을 보다가 모르는 문제가 나오면 어떻게 대처할 것인지, 시험 시간이 부족할 경우를 대비해서 시간 안배는 어떻게 할 것인지, 필기구는 어떤 것을 사용할 것인지 등 세세한 내용 하나하나까지 미리 준비해놓아야 한다.

시험 당일에 대해 아무런 준비도 없이 단순히 평소에 열심히 공부하기만 하면 된다고 생각하다가는 틀림없이 시험장에서 당황하고 실수를 한다. 특히 시험 경험이 많지 않으면 더욱 그렇다. 미리미리 준비하고 대비해서 머릿속에 시험 당일의 행동들에 대한 이미지를 그려보아야 한다.

시험도 결국엔 시험 당일 자신의 평소 실력을 얼마나 발휘할 수 있는가가 관건이다. 나는 지금껏 시험을 보면서 다행히 큰 실수를 해본 적이 없는데, 이러한 이미지 트레이닝 덕분이 아닌가 싶다.

시험에는 똑같은 문제가 나오지 않는다

변별력을 요하는 시험에는 문제집에서 풀던 문제와 똑같은 문제는 절대로 출제되지 않는다. 문제를 내는 과정에서 기존 문제집에 나온 문제는 배제하기 때문이다. 따라서 문제를 암기하는 것은 공부에 전혀 도움이 되지 않는다. 오히려 문제 자체를 암기함으로써 그 문제를 변형한 다른 문제를 풀 수 없게 된다. 자기가 암기했던 문제와 비슷한 문제에 대해 편견을 갖게 되고, 응용력이 생기지 않기 때문이다.

따라서 암기보다는 어떠한 주제에 대해 정확히 이해하는 것이 더 중요하다. 응용력은 그 주제에 대한 충분한 이해를 바탕으로 키울 수 있다.

시험 당일. 시험은 매우 한정적이고 짧은 시간 안에 정확한 판단을 요구한다. 하지만 이전에 생각해보지 않았던 문제들은 짧은 시간 안에 적절한 답을 찾아내기가 어렵다. 따라서 공부를 할 때부터 어떠한 주제에 대해 완벽히 장악하려 노력해야 한다. 끊임없이 '생각'을 해보는 것이 중요하다. 사람은 한 번 생각해본 문제라면, 그와 유사한 형태의 문제가 나왔을 때 어떤 방식으로든 대처할 수 있다.

따라서 복잡하고 어려운 주제들을 공부할 때 어렵고 머리가 아프다는 이유로 단선적으로만 공부해서는 안 된다. 책의 저자가 바라본 관점만이 아니라, 스스로 책을 읽으면서 다양한 각도에서 접근해보아야 한다. 스스로 그 주제에 변형을 가해보고, 그에 대한 해답을 생각해본다.

공부하는 것은 두뇌 속에 길을 만드는 것이다. 끊임없이 생각해보면서 머릿속을 쉼 없이 움직여야 한다. 마치 칼로 나뭇가지를 쳐내면서 가보지 않은 정글 속으로 나아가는 것과 같다. 평소에 전혀 생각해보지 않다가 시험장에서 변형된 문제와 마주치는 것은 길이 없는 우거진 나무숲을 무작정 뚫고 나가려는 격이다. 따라서 미리미리 머릿속에 길을 닦아놔야 한다.

이를 위해 끊임없이 반복하는 습관이 필요하다. 그렇게 반복하다 보면 같은 길을 여러 번 가게 되고, 결국엔 정글 안에 깨끗한 길이 생기게 되는 것처럼, 자신의 두뇌 속에 다양한 생각들이 자리 잡아 '사고의 폭'이 넓어진다.

그렇게 한 번 닦아놓은 길은 자신의 기억이 망각에 빠져 있을 때

더더욱 위력을 발휘한다. 고민 끝에 불현 듯 '반짝' 하고 떠오르는 생각들, 그것은 우연한 일치가 아니라 자신이 언젠가는 닦아놓았던 두뇌 속 길에서 나온 것이다.

5th

기적은
내안에 있다

숭고한 정신에 실망은 달궈진 금속에 찬물을 붓는 것과 같다.
탄성을 높이고 단단하게 만들지만, 결코 파괴하지는 않는다.

– 엘리자 테이버, 영국의 소설가

⚾ 첫 타석 포볼, 느낌이 좋다

　　그렇게 전쟁과 같았던 나의 첫 번째 시험이 끝났다. 성적이 궁금했다. 성적표가 나오기만을 목이 빠지게 기다렸다. 며칠이 지난 후 드디어 첫 성적표를 받았다. 우리 반 52명 중에서 27등. 소위 말하는 암기 과목들은 생각보다 점수를 잘 받았지만, 영어와 수학, 물리 점수가 바닥이었다.

　　27등. 남들은 어떻게 생각할지 모르겠지만, 적어도 나는 뛸 듯이 기뻤다. '내가 27등이라니!' 상상하기도 어려웠던 등수였다. 담임선생님이 성적표를 주시면서 "야구부, 너 커닝한 거 아냐?"라고 농담조로 말씀하실 정도로 전례가 없는 일이었다. 성적표를 받고 '나도 할 수 있겠다'라는 자신감이 생겼다. 노력한 대가로 얻은 첫 결과물이었다. 이것이 '공부 못하는 꼴지'라는 악순환을 끊고 '나도 할 수 있다'라는 선순환으로 나아가게 된 첫 번째 계기가 되었다.

고등학교 2학년 기말고사에서 27등이라는 성과를 내고 곧 겨울방학을 맞이했다. 학교시험은 범위가 정해져 있어서 공부에 기초가 전혀 없더라도 어느 정도 대비할 수 있었지만, 문제는 전 범위를 테스트하는 수능시험이었다. 수능시험에 대비하기 위해 기초부터 차근차근 공부할 필요가 있었다.

겨울방학이 되었을 무렵에는 중학교 1학년 영어와 수학을 공부하고 있었고 언어영역과 사회탐구, 과학탐구영역은 학원에 다니기 시작했다. 평일에는 영어와 수학을 공부하면서 언어영역은 단과반을 끊어서 학원에 다녔고, 사회탐구 영역과 과학탐구영역은 주말반을 끊어서 주말 내내 강의를 들었다. 당시 체력에는 자신이 있었기 때문에 하루에 네 시간 정도만 자더라도 몸이 버틸 수 있었다. 전혀 이해되지 않는 내용을 머리를 싸매가며 이해해보려 노력했고 그래도 안되면 반복해서 쓰면서 암기를 하기도 했다.

그렇게 겨우내 하루하루 열심히 공부했고 드디어 고등학교 3학년에 진학하게 되었다. 3학년 때는 다행히 이과보다 공부량이 적은 문과로 전과할 수 있었다.

고3이 되자 학교에서는 본격적으로 수능시험에 대비하기 위한 체제로 수업을 진행했다. 당시 나는 중학교 3학년 영어, 수학을 배우고 있을 때였기 때문에 영어와 수학은 정상적인 수업을 따라가기가 어려웠다. 그래서 다른 과목들은 수업 시간에 충실히 따라가는 것을 목표로 하되, 영어, 수학 시간에는 자습을 했다. 선생님도 아마 내가 몰래 자습하는 걸 알고 계셨을 것이다. 그래도 야구부가 어떻게든 열심히 공부하려고 노력하는 모습을 보이는 것이 기특해서였는지 모른 척 눈감아주셨다.

그렇게 한 달 정도가 지났을까? 처음으로 수능시험 대비 전국 모의고사를 치르게 되었다. 400점 만점이었는데 230점 정도 맞았던 것 같다. 외국어영역과 수리영역 점수는 바닥이었지만 방학 동안 열심히 공부해둔 언어영역과 사회탐구영역, 과학탐구영역에서 그래도 어느 정도 점수를 받을 수 있었다. 반에서 몇 등이었는지는 잘 기억나지 않지만 아마 하위권을 간신히 벗어나는 정도가 아니었을까 싶다. 첫술에 배부르랴……. 조금 실망도 했지만, 고작 석 달 공부한 것치고는 좋은 점수를 받은 것이라고 스스로 위로하면서 마음을 다잡았다.

그로부터 얼마 뒤 고등학교 3학년 1학기 중간고사가 코앞으로 다가왔다. 전 범위를 시험 보는 모의고사와는 달리 학교시험은 적어도 시험범위가 한정되어 있기 때문에 기초가 없더라도 단기간에 집중적으로 공부하면 어느 정도 성적을 거둘 수 있었다. 다른 과목들이야 그래도 작년보다는 조금 나았지만, 영어와 수학은 별로 달라진게 없었다. 기초가 중요한 과목이기 때문이었다.

역시 작년과 같은 방법을 사용했다. 영어는 참고서를 사서 시험 범위에 있는 해설 부분을 달달 외우고, 단어를 하나도 빠짐없이 찾아서 단어장에 정리해 암기한 후 영어로 된 본문을 수없이 반복해서 해석했다. 수학은 교과서의 예제와 연습문제 해답 부분을 달달 외웠다. 그래도 작년에 처음 학교 시험을 볼 때보다는 조금 나았다.

다른 과목은 몰라도 영어와 수학은 절대로 한술에 배부를 수 없다. 중학교 1학년 과정부터 고등학교 과정까지 차근차근 기초를 닦기 전에는 수능시험 대비 모의고사에서 형편없는 점수를 받을 수밖에 없다. 하지만 적어도 학교시험에서는 위와 같은 방법으로 단 1점이라도 더 받을 수 있었다.

그렇게 중간고사 기간이 지나가고 드디어 성적표를 받게 되었다. 50여 명 중에서 14등. 역시나 영어와 수학 점수가 좋지 않았고, 국어 점수도 그렇게 높지는 않았지만, 사회탐구영역과 과학탐구영역 관련 암기 과목들은 거의 다 90점을 넘는 점수를 받았다. 14등이라는 결과도 굉장히 고무적이었다. 불과 몇 개월 전에는 상상할 수조차 없었던 등수였기 때문이다. 담임선생님도 또 한 번 놀라셨다. 이때도 성적표를 받을 때 "야구부, 너 커닝한 거 아냐?"라는 농담 반, 칭찬 반인 이야기를 들었던 것 같다.

곧이어 1학기 기말고사에서는 10등 안에 진입하는 것을 목표로 했지만, 결국 실패했다. 아쉽게도 11등에 그쳤다. 두 가지 요인이 있었다. 하나는 기초가 없는 국·영·수 과목 점수가 잘 나오지 않아 점수를 올리는 데 한계가 있었고, 또 다른 하나는 꼴찌에서 10등 근처까지 오는 것보다 10등 언저리에서 단 몇 등을 올리는 것이 더 어려웠기 때문이다. 2학기가 되어서는 부득이 중간고사를 보기 직전에 학교를 자퇴하게 되었으니, 나의 중·고등학교 시절 최고 성적은 아쉽지만 반에서 11등을 한 것으로 만족해야 했다.

　야구를 하면서 가장 안타까웠던 점은 노력의 대가가 그대로 실력에 반영되지 않는다는 것이었지만, 적어도 공부는 노력의 대가가 비례적으로 성적에 반영되었다. 사람마다 반영되는 정도가 다를 수 있지만, 공부는 반드시 노력한 만큼의 결과가 나오는 것 같다. 이것이 성취욕을 자극하고 공부에 흥미를 느끼게 하였다. 선생님과 부모님에게는 칭찬을 받으니 금상첨화였다. 칭찬은 고래도 춤추게 한다고 하지 않던가.

출생의 비밀

공부는 기본적으로 재미가 없다. 하지만 몰랐던 내용을 하나하나 깨우쳐 알아갈 때면 가끔 공부가 재미있다는 생각이 들곤 한다. 공부를 시작하면서 가장 신기했던 기억은 길거리 간판에 적힌 영어를 읽을 수 있게 되었을 때다. 예전에는 집 근처에 있는 'McDonalds' 간판을 읽을 줄 몰랐다. 남들이 맥도널드라고 부르니까 그런 줄 알았다. 그런데 영어를 공부하던 어느 날 간판을 읽을 수 있게 되었다. 내가 영어로 된 간판을 읽는다는 사실이 굉장히 신기했고 영어에 흥미를 붙이게 됐다.

또 한 가지 사건이 있다. 나는 혈액형 검사를 받기 전에는 내가 A형이라고 생각했다. 부모님과 동생이 모두 A형이었기 때문이다. 그런데 초등학교 6학년 때 혈액형 검사를 받아보고 깜짝 놀랐다. 뜻밖에 내 혈액형이 O형이었다. 분명히 부모님 자식인 건 맞는 것 같은데 왜 나만 혈액형이 다른 건지 알 수가 없었다. 난 주워온 자식이었단 말인가? 그럴 리 없다고 생각했다.

고등학생이 되도록 풀리지 않던 그 의문점은 공부를 하기 시작한 후 내 나이 열아홉 살이 되어서야 풀렸다. 생물을 공부한 덕분이었다. 부모님 두 분 모두 혈액형이 AO형이었기 때문에 나는 부모님 양쪽으로부터 O형을 받아서 혈액형이 O형이 되었다는 사실을 알게 되었다. 역시 사람은 배워야 한다.

🏐 수능시험을 보기 위한 기초 체력을 쌓다

고등학교 3학년에 진학해서도 '열공 모드'는 계속되었다. 새벽에 일어나 아침 6시쯤 학교에 갔다. 수업이 9시부터였으니까 세 시간 가량 여유가 있었다. 아무도 없는 교실에서 혼자 공부를 했다. 거의 영어 아니면 수학 공부였다. 기초가 없더라도 큰 지장이 없는 언어 영역이나 사회탐구영역, 과학탐구영역은 상대적으로 시간을 덜 투자했다. 단계적으로 학습할 필요성이 덜 한 과목들이었기 때문이다. 하지만 영어, 수학은 단계적으로 공부할 필요가 있는 과목이었기 때문에 기초부터 차근차근 다져가야 했다.

고등학교 3학년 1학기가 시작됐을 무렵 나는 아직도 중학교 3학년 영어, 수학을 공부하고 있었다. 주변 친구들은 이미 수능시험에 나오는 정규 과정을 마치고 모의고사 문제들을 풀고 있었다. 왠지 부러웠다. 나도 어서 빨리 고등학교 과정을 공부했으면 좋겠다는 생각이 들었다. 아직 배우지도 못한 '공통수학'과 '수학1'을 공부하고 친구들처럼 모의고사 문제를 풀고 싶었다.

당연히 공통수학 문제들은 손도 대지 못할 때였지만, 왠지 영어는 만만해 보였다. 수업 교재였던 수능시험 대비 영어 문제집의 해석에 도전해봤다. 중학교 3학년 과정으로 올라가면서 조금씩 어려운 단어들을 공부하고 있어서 왠지 나도 해석할 수 있을 거라 생각했던 모양이다. 한 문제를 시험 삼아 해석해보았다. 모르는 단어가 절반을 훌쩍 넘는다. 그사이 아는 단어가 꽤 많이 생겼다는 점에서 한편으로 기뻤지만, 한편으로는 좌절했다. '언제쯤 나는 친구들과 비슷한 실력이 될 수 있을까'라는 생각에 마음이 답답했다.

중학교 전 학년 영어, 수학 과정을 한 번 끝내는 데 7~8개월 정도 걸렸다. 단순히 과정을 한 번 마쳤다는 것만으로는 크게 도움이 되지 않았다. 일단 고등학교 과정을 배울 수 있는 기초를 닦았다는 의미 정도였다. 고등학교 3학년 여름이 되면서부터 고등학교 1학년 과정인 '공통수학'을 배우기 시작했다. 다른 친구들은 이미 1학년 때 공통수학을, 2학년 때 수학1 과정을 모두 마치고 3학년이 되면서부터는 다시 반복에 들어갔는데, 그제야 공통수학을 처음으로 배우기 시작한 것이다. 짧은 기간 동안 다른 학생들과 수준을 맞추어야 했기 때문에 빠르게 진도를 나갈 수밖에 없었다. 꼼꼼하게 볼 시간적 여유가 별로 없었다.

시간이 조금 지나 공동수학 진도를 중간쯤 나가고 보니 앞부분이 잘 기억나지 않았다. 반복의 필요성을 느꼈지만 일단 한 번 전체적으로 보는 것이 먼저라고 생각했다.

그렇게 가을이 돼서야 공동수학을 한 번 다 보게 되었고, 수학1을 시작할 수 있었다. 수학1은 그해 겨울이 지나 이듬해가 되어서야 간신히 한 번 다 볼 수 있었다. 그리고 그해 재수학원에 들어가면서 다시 공동수학부터 반복해서 공부하기 시작했다.

영어는 어차피 중학교 과정이든 고등학교 과정이든 같은 단어가 계속 반복되기 때문에 중학교 3학년 과정까지만 마치고, 고등학교 1, 2학년 과정은 건너뛴 채 바로 고등학교 3학년 때 학교에서 공부하던 영어 문제집 진도를 따라가는 것을 목표로 공부했다. 한 문제에 나오는 단어를 찾는 데만 꼬박 한 시간 이상이 걸렸다. 어차피 수능시험에서 문법은 크게 중요하지 않았다. 문법만을 묻는 문제는 보통 두 문제 정도 출제되었고, 영어 듣기 문제 17문항을 제외하면 나머지 문제는 전부 독해 문제였기 때문에 주야장천 단어만 암기했다. 나중에 수능시험을 볼 때에도 문법과 영어 듣기 실력은 좋지 않았지만 오히려 단어 실력은 괜찮은 편이었다. 그렇게 하나하나 기초를 쌓아갔다.

영어와 수학을 제외한 다른 과목들은 괜찮은 편이었다. 이 과목들은 학원에서 강의를 듣기도 했고, 학교 수업 시간에도 열심히 공부했다. 국사 과목은 교과서가 상하 두 권이나 되었는데, 급한 마음에 학원 강사들이 만들어놓은 요약본으로 공부를 시작했다. 교과서가 아닌 요약본만으로는 역사에 대한 맥락을 잡는 게 쉽지 않았다. 결국은 그렇게 강사가 만든 요약본으로 계속 공부를 해서 수능시험을 보긴 했지만, 만약 지금 다시 그때로 돌아가서 국사를 공부하라고 한다면, 당연히 국사 교과서로 공부할 것이다. 교과서가 가장 기본이기 때문이다.

예전에 수능시험 수석들의 인터뷰를 보면 '과외는 받지 않았고, 교과서 위주로 공부한 것이 주효했다'라는 취지의 인터뷰가 많았는데, 그때는 말도 안 된다며 웃어넘겼다. 하지만 공부를 더 해보고, 사법시험을 준비하면서 그 의미를 조금씩 깨닫게 되었다. 교과서만으로는 부족하지만, 교과서를 충분히 이해할 수 있을 정도의 수준(완전히 이해하고 스스로 응용이 가능한 상태)에 이른다면 좋은 결과가 나온다는 것을. 특히 요즘처럼 수능을 쉽게 출제하는 체제하에서는 교과서에 없는 복잡하고 어려운 내용을 공부 하는 것보다 기본부터 차근차근 공부하되, 시험장에서 실수하지 않는 것이 더 중요한 것 같다.

고등학교 야구부에 류창수라는 1년 선배가 있었다. 창수 형은 몸이 안 좋아서 수술을 하느라 1년을 유급했고, 나와 같은 학년으로 학교를 다녔다. 내가 고등학교 2학년 10월에 야구를 그만두고 나서 창수 형도 곧바로 야구를 그만두게 되었다. 우리는 의기투합했다. 학원도 같이 다니고 공부도 같이했다. 기본적인 공부는 각자 집에서 했지만, 학교에서는 항상 같이 붙어 다녔다. 신기하게도 고등학교 3학년에 올라가서도 같은 반이 되었다.

학교 근처에 보라매공원이라고 큰 공원이 있었는데, 공원 안에 시립도서관이 있었다. 창수 형과 나는 학교 수업을 마치면 함께 시립도서관에 가서 공부했다. 운동하는 사람들은 선후배 사이의 위계질서가 엄격한데, 창수 형은 워낙 성격이 좋고 1년을 유급하기도 한 탓에 나오는 친구처럼 잘 지냈다. 같이 야구를 하다가 비슷한 시기에 그만두고 많이 막막했지만 함께 공부할 사람이 있다는 게 항상 든든하게 느껴졌다.

창수 형은 3학년 여름쯤 야구를 했던 경험을 조금이나마 살려보겠다며 골프학과로 진학하기로 일찌감치 결정을 했고, 공부를 하면서 골프를 배웠다. 공부와 골프 연습을 병행했고, 그해에 수능시험을 봐서 골프학과로 진학했다. 지금은 세미프로 자격증까지 따서 골프 레슨을 하고 있는데, 자기가 선택한 길에 대해 크게 만족하고 있는 것 같았다. 워낙 성실한 사람이었기 때문에 꼭 야구가 아니더라도 다른 분야에서 좋은 결실을 볼 것으로 생각했고, 실제로 그렇게 되어 있는 모습을 보니 기분이 좋았다.

기본적인 성실함과 포기하지 않는 자세만 있다면, 세상에는 할 수 있는 일이 참 많은 것 같다. 야구를 그만두고 공부를 할 때 나처럼 교실 뒷자리에 앉아 있던 친구들 중에는 "공부는 내 적성에 맞지 않는다"는 말을 하는 친구들도 있었다. 맞는 말이기도 하고 틀린 말이기도 하다. 공부가 인생의 전부는 아니고, 공부를 잘해야만 성공하는 것도 아니다. 하지만 "공부가 내 적성에 맞지 않는다"고 말하는 사람 중에 창수 형처럼 자신의 적성에 맞는 다른 것을 찾아 열심히 노력하는 사람을 별로 보지 못했다. 지금 자신의 위치에서 성실하지 못한 사람은 다른 어떤 것을 하더라도 성공하지 못할 것이다.

고등학교 3학년 여름방학이 끝난 뒤 개학을 하고 나서 처음 본 수능 모의고사에서 280점 정도를 맞았다. 외국어영역 점수가 조금씩 향상되기 시작했고, 수리영역도 배운 지 얼마 되지 않은 공통수학 앞부분은 맞힐 수 있게 되었다. 처음에는 전문대학만 갈 수 있어도 기적이라고 생각했지만, 시간이 흐를수록 성적이 계속 오르자 욕심이 나기 시작했다.

하지만 대학에 진학하는 데 가장 문제가 되는 것은 내신 성적이었다. 야구를 그만둔 고등학교 2학년 기말고사 때부터는 성적이 어느정도 향상되었지만, 1~2학년 때 성적이 계속 전교 꼴찌 수준이었기 때문에 내신이 매우 좋지 않았다. 부모님과 상의한 끝에 자퇴를 결심했다. 중학교, 고등학교를 통틀어 6년여 가까이 다녔고, 야구부 시절에는 밤에 남아서 개인훈련을 하는 등 자는 시간 이외에는 거의 모든 시간을 학교 내에서 보냈는데 정든 학교를 자퇴하자니 아쉬움이 많이 남았다. 자퇴는 대학 진학을 위한 부득이한 선택이었다. 결국 고등학교 3학년 수능시험을 목전에 둔 시점에서 자퇴했고, 자퇴한 때로부터 6개월간은 수능시험에 응시할 수 없다는 규정 때문에 재수 아닌 재수를 하게 되었다.

수능시험을 보기 위해서는 고등학교 졸업장이 있어야 한다. 하지만 나처럼 고등학교를 정상적으로 다니지 못한 사람들이 수능시험을 볼 수 있게 마련된 제도가 있다. 바로 대입검정고시다. 학교를 자퇴한 이듬해 8월, 대입검정고시에 응시하게 되었다. 검정고시를 치러본 적이 없었기 때문에 '불합격하면 어쩌지'라는 걱정도 조금 있었다.

시험이 얼마 남지 않았을 무렵에는 집 근처에 있는 검정고시 학원에서 검정고시 기출문제 비슷한 것을 사서 풀어보기도 했다. 나름 철저히 준비해서 시험장에 갔다. 그런데 막상 문제는 상당히 쉬운 수준이었다. 교과서의 기본 예제 수준이랄까? 다행히 합격이었다.

학교를 자퇴하고 1년 동안 혼자서 공부를 한다는 것이 엄두가 나지 않아 노량진에 있던 재수학원 종합반에 다니기로 했다. 재수학원은 2월쯤 개강을 했는데, 개강 전까지의 목표는 공통수학을 마치고 수학1까지 한 번 독파하는 것이었다.

중·고등학교 6년 과정을 1년 조금 넘는 기간에 한 번이나마 보게 되는 것이었다. 한 번 본다고 해서 기억이 남아 있는 것은 아니지만, 전체적인 내용을 한 번이라도 훑어보는 것이 중요했다. 일단은 재수학원에 들어가기 전까지 다른 학생들과 공부할 수 있는 최소한의 수준을 맞추기 위해 더 열심히 했다. 아쉽게도 수학1은 미분까지밖에 마치지 못한 채 재수학원에 들어가게 되어 학원에 들어간 이후 주말에 따로 시간을 빼서 수학1 뒷부분을 혼자 공부했다.

내가 들어간 재수학원은 노량진에서 꽤 유명한 학원이었다. 학원에 처음 들어갈 때도 입학시험 비슷한 것을 보았다. 시험에 떨어질까 노심초사하며 마치 학교시험 보듯 시험 준비를 했다. 다행히도 합격이었다. 나중에 든 생각이지만 학원은 학생이 내는 학원비로 운영되는 곳인데 과연 불합격 시킨 사람이 있었을까? 어찌 되었건 그렇게 새로운 장소에서 새로운 마음으로 공부를 시작했다.

학원은 마치 고등학교 같은 분위기였다. 반이 지정되어 있고 담임선생님도 있었다. 아침 조회와 저녁 종례까지 있었으니 고등학교 4학년이라고 해도 과언이 아니었다. 반마다 정원이 70여 명 가까이 되었던 걸로 기억하는데 작은 교실에 학생들이 꽉 들어차서 아침부터 밤늦은 시간까지 수업을 듣고 자율학습도 했다. 그 당시 담임선생님께서 1년 내내 하신 말씀은 "초심으로 돌아가라"였다. 이 말을 귀에 못이 박히도록 들었던 것 같다. 다들 재수생인 관계로 큰 뜻을 품고 학원에 들어오지만, 시간이 얼마 흐르지 않아 흐지부지되는 모습들을 자주 봐왔기 때문인 것 같다.

나름 엄격하셨던 담임선생님은 아침에 지각하거나 학원 내에서 문제가 생기면 학생들에게 반성문을 작성해오라고 하는 경우가 있었다. 하루는 반 친구가 아침 조회에 지각하자 담임선생님은 이번에도 반성문을 써오라고 하셨다. 그런데 며칠이 지나도록 그 친구가 반성문을 제출하지 않자 아침 조회 시간에 담임선생님이 화가 나 말씀하셨다.

"000은 왜 반성문을 제출하지 않는 거지? 어서 제출하도록!"

그에 대한 친구의 답변이 가관이었다.

"지금 퇴고 중입니다."

예상치 못했던 답변에 우리는 모두 폭소를 터뜨리며 자지러졌다. 사실은 반성문을 작성하지도 않았는데 둘러댄다고 한 말이 큰 웃음을 준 것이다. 학원 내에 몇몇 재밌는 친구들이 팍팍한 수험생활에 오아시스 같은 역할을 해주었다.

재수학원에는 스무 살이 된 재수생들이 대부분이었고, 삼수생 이상인 형들 그리고 다른 대학을 다니다가 의대 등에 진학하기 위해 학원에 들어온 큰 형님들이 있었다. 당시 스무 살이었던 나는 동갑 친구들하고도 잘 지냈지만, 이상하게 형들과 더 친하게 지냈던 것 같다. 나보다 나이가 한참 많은 큰 형님들의 열정은 대단했다. 다른 일을 하다가 스스로 공부해야겠다는 필요성을 느껴 마음을 굳게 먹고 학원에 왔기 때문에, 재수생들과는 공부하는 자세부터가 조금 달랐다(나중에 대부분 결과가 좋았음은 물론이다).

종 훈 에게

오랫만에 편지를 쓴는구나. 힘들지 잉 .... 모든 사람과, 모든 학생들이
힘든 일 (육체, 정신)을 하긴 있고 대통령, 사장, 수학 선생 들도 편한것 같이
보아지면 아마 너보다 더 (정신적 따로) 힘들지도 모른다. 이사여구 (좋은 말로
포장한것) 는 쓰긴 않겠다.
우리가 앞으로 살아가기 위해서는 저마다의 길 (GOING MY WAY) 이
                                      고잉   마이 웨이
                                      (간다) (나의) (길)
                                    (나의 길로 간다)

있을것이다. 어떠한 방향의 길이 될지는 잘모르지만, 차이가 나고 그 차이로 인해
부자되고 차도 차고 큰 배 한척 사람과, 준비없이 산 사람과,
시간이 지난 다음 확인 좋으려고, 확인 잘때는 이미 늦는 것이란다.
"인생은 마라톤 같기" 라는 말이 있잖다. 우리는 이미 장거리 레이스에 들어가 있는 것이란다.
아빠는 42, 195km 의 2/3 를 뛰어 종반을 조금 넘게 지금 뛰고 있고
종훈이는 1/8 정도의 초반 경기를 치르고 있는것이 현실 이란다. 몇시간에 골인 지점을
통과해야 되는 목표시간은 각자가 정하기로 되어 있는 것이란다. 피곤해서, 몸이 아프니까,
체력이 약해서. 하늘 등의 이유를 내세우는 사람은 10시간 목표를 세워 천천히 뛰면
되는거야. 그러나 그 인생 결과에 대한 자신의 기록에 대한 책임은 본인 스스로
져야 되는 것 그것이 중요한 결과란다. 남들은 행복하게, 자유스럽게, 흡족 하게
생활을 하고 있는데. 전세방에서 하루하루 먹고사는 데에만 신경을 쏟고 있는 것
동물같은 생활을 해봐 안 하는것이 결과에 대한 적것이란다. 배짱이와 개미, 아빠 야야기가
너와 어릴게 쓰고 있으니 와닿게 지만 쉽게 야야기하면 배짱이와 개미, 아빠야야가
바로 이런 이야기란다. 힘든것을 극복 한다는것 무척이나 어려운 숙제란다.
그러나 그숙제를 다했을 때 얼마나 후련한건지 알겠지. (수학숙제 다했고 나면 편하)
개미가 놀줄 몰라서 안놀겠어. 우리가 지금을 왜 해봐 해는지 종훈이는 잘 알것이다.
놀고 싶을때 참고 참아서 해봐 것인데 라는것 적당은 않고 신천 하고 있는 것 종혼거요.

아빠저것이야 그럭저 지금까지 바락이 다니면 기반 끝고. 다른사람이 쳐다보면
절부없어 보여지만, 아직도 바라톤 경주의 1/3이 남아 있기에 차세를 잡고 있는것이란다.
항상 말했듯이 먹고 싶은것 다먹고, 놀고 싶은것 다놀고 하면서는 리듬을 잡을 수 없는
것이란다. 여기서 이렇게 하는것 결국은 저금 보아도. 종훈이 너에게 넘은 5/6 의
마라톤경주 로 이야기 하려는것이야. 초반 컨디션 조절을 잘해야 운동장 3000M
대해를 돌수 있듯이. 초반에 무리 한다던지. 후반에 너무늦게 뛴다던지 하면
목표달성을 못하겠지... 뛰면서 가속도로 붙이면 전전 속도를 낼때 누명은 "아커 다"
쉬고 싶고. 문먹고 싶고. 잠을 자고 싶것하고 싶고 등등. 누명은 "아커 다."
가 너의 머리와 육체에 맴 돌고 없는거야.   그때.. 그마커에게
                       행복 한다면 ------   (독려)

🄑 빌보드 차트

내가 다녔던 학원은 규모가 상당히 큰 편이었고, 한 반에 70여 명씩 문과 반만 스무 개가 넘었다. 아침 8시쯤이면 학원생들로 학원 앞 도로가 마비될 정도였다. 학원에서는 매달 모의고사를 실시했는데 모의고사 결과가 나오면 성적 상위권자 100명을 학원 앞 입구에 실명으로 게시했다. 우리는 이것을 '빌보드 차트'라고 불렀다. 나는 빌보드 차트와는 전혀 무관한 성적이었지만(아마 '거꾸로 빌보트 차트'가 있었으면, 거기에는 포함되지 않았을까?), 가끔 같은 반 친구들 이름이 붙어 있을 때면 부러운 눈으로 한참씩 바라보곤 했다.

학원에 처음 들어갔을 때는 무언가 위축된 느낌이었다. 중·고등학교 시절 내내 야구를 하면서 학교 수업을 거의 듣지 않았기 때문에 야구부 친구 이외에는 친한 친구들도 없었고, 학원도 별로 다녀 보지 않아 모든 게 낯설었다.

학원을 들어간 지 얼마 되지 않아서였다. 논술 대비 수업이었던 것 같다. 선생님이 조지 오웰의 『동물농장』이라는 작품을 이야기하시다가 그 작품과 관련한 질문을 하셨다. 사실 난 조지 오웰이라는 사람이 누군지도 몰랐고 『동물농장』이라는 책이 있다는 것도 생전 처음 듣는 얘기였다.

누군가가 질문에 대한 답을 했다. 그 책의 내용은 무엇이고, 시대적 배경은 어떻고, 작품의 함축된 의미는 무엇이라며 내용을 줄줄 이야기했다. '난 처음 듣는 내용인데 저 친구는 공부를 참 잘하는구나. 대단하다'라는 생각이 들었다. 15년 이상이 지났음에도 그 장면이 뚜렷이 기억나는 걸 보면 꽤 인상적인 장면이었던 것 같다.

재수 전반전

내가 다녔던 재수학원에는 수능시험 만점자만 여러 명이 나올 정도로 공부 잘하는 학생들이 많이 있었다(실제로 그해 우리 반에서만 수능시험 만점자가 두 명이나 나왔다). 모의고사를 보면 나는 반에서 거의 바닥을 면치 못했다.

학원은 아침 8시에 강의를 시작하여 저녁 무렵까지 수업이 진행되었다. 그 이후에는 자율학습 시간이었다. 언어영역과 사회탐구, 과학탐구영역은 혼자서 단과반 학원에 다니면서 한두 번 본 게 고작이었지만 그래도 기초 지식이 필요한 과목이 아니어서 당일 내용을 충실히 예습, 복습하면 따라갈 만했다. 하지만 영어와 수학은 기초가 딸려서 수업을 따라가는 게 상당히 벅찼다. 전혀 못 알아들을 정도는 아니었지만 아무래도 힘에 부쳤다.

신문 사설을 매일매일 읽는 것이 언어영역에 도움이 된다는 말을 어디선가 듣고, 매일 아침 눈을 뜨자마자 신문 사설을 읽었다. 그렇게 수능시험을 볼 때까지 매일매일 읽었지만, 언어영역의 특성상 눈에 띄게 실력이 향상되는 모습이 보이지 않았기 때문에 이 방법이 큰 도움이 되었는지는 사실 잘 모르겠다. 소설이나 고전문학 등은 직접 책 전체를 읽어보는 게 가장 좋겠지만, 나로서는 절대적인 시간이 부족했다. 책을 읽어볼 시간이 없었다. 학원 교재에 나온 내용 위주로 공부하면서, 서점에서 책 줄거리만을 소개해놓은 교재를 사서 반복해서 보았다. 아쉬운 대로 도움이 되었다.

영어는 학원 교재를 따라가면서 매일매일 공부했다. 여전히 단어 실력이나 독해 능력이 많이 떨어졌지만, 수능시험의 특성상 기본적인 독해 실력을 갖추고 단어만 많이 외워도 해석해서 답을 맞히는 데 큰 지장이 없었다. 그래서 단어 암기를 최우선으로 했다. 문법은 제대로 공부해본 적이 없었다. 대신 학원 강의에서 중간 중간 문법 설명을 들은 것이 나름 도움이 되었다.

당시 영어 공부를 하면서 느낀 것은 단어집을 따로 사서 볼 필요가 전혀 없다는 것이다. 단어집으로 공부하면 암기도 잘 안되고, 용례를 정확히 알기도 어렵다. 가장 좋은 방법은 자신이 보는 교재를 반복하여 해석해보는 것이다. 모르는 단어는 스스로 사전을 찾아보고, 직접 단어장을 만들어서 공부하는 게 가장 효율적이다.

처음 공부를 시작했을 때는 본문에 있는 단어 대부분을 몰라서 사전을 찾는 데만 몇 시간씩 걸렸지만, 1년 정도 공부를 하면서 나름대로 단어 실력이 향상되어서 이제는 사전을 들추는 시간도 꽤 줄었다. 수업을 먼저 듣고 나서, 모르는 단어를 찾아 단어장을 만든 후에 영어로 된 본문을 여러 번 반복해서 해석해보았다. 단어장을 만들 때는 사전에서 유사 단어나 반대 단어까지 함께 정리하여 공부했다. 비슷하거나 헷갈리는 내용은 모아서 한꺼번에 정리하는 것이 매우 중요하다. 이것은 비단 영어 공부에만 해당하는 것이 아니라 모든 과목에 공통적으로 적용되는 방법이다.

나처럼 기초 실력이 떨어질 때는 여러 가지 교재를 한 번씩 보는 것보다 엄선된 교재를 여러 번 반복하여 보는 편이 훨씬 효과적이다. 일단 한 권을 여러 번 반복해서 그 안에 있는 단어를 모두 정리, 암기하고 내용을 완전히 숙달한 후 다른 교재를 공부하는 것이 좋다. 단점은 한 교재만을 공부하기 때문에 답을 미리 알고 있어 문제 풀이 감각이 떨어질 수 있다는 점인데, 이것은 시험이 임박했을 때 다른 문제집을 풀어나가면서 보완하면 될 듯하다.

수학은 재수학원에 들어가기 전에 공통수학과 수학1을 간신히 한 번 본 상태였고, 학원에 들어가서도 수학1을 끝내지 못해 따로 진도를 나갔다. 공통수학은 이미 공부한 지 1년 가까이 지난 상태였기 때문에 내용이 잘 기억나지 않았다. 그래도 그 내용을 공부했다는 기억은 남아 있었기 때문에 처음 볼 때보다는 훨씬 나았다. 하지만 여전히 수업을 따라가긴 벅찼다. 그래서 수업 전에 미리 예습을 했고, 이해가 되지 않을 때는 선생님이나 친구들에게 물어가면서 진도를 따라갔다. 확실히 전문 강사들의 수업이라 많은 도움이 되었다.

여름까지 학원의 빡빡한 일정을 열심히 따라갔다. 실력이 많이 늘고 있다는 느낌을 받았고, 매달 모의고사 점수가 계속 올랐다. 하지만 여름 무렵, 학기 초부터 꾸준히 오르던 성적이 정체되었다. 사실 성적이라는 것이 대각선 방향으로 상승하는 것이 아니라 일정 기간 정체기를 거치며 계단 모양으로 상승하는 법인데, 그땐 그걸 잘 몰랐다. 조바심이 났고, 무언가 변화를 주고 싶었다. 결국 9월 초쯤 잘 다니고 있던 학원을 그만두고 혼자 공부하기 시작했다. 나중에 든 생각이지만, 그때 학원을 그만두지 않고 끝까지 다녔더라면 더 좋은 결과가 있지 않았을까 싶다.

재수학원에 다니면서 내 인생에서 가장 소중한 친구들을 만났다. 사실 학원에서 만난 인연으로 20년 가까이 모임을 지속하기란 쉽지 않을 것 같은데, 인연이란 것이 있기는 한 모양이다. 일곱 명이 함께 지금까지 모임을 유지하고 있으니 말이다.

야구를 그만두고 세상이 어찌 돌아가는지, 공부는 어떻게 하는 건지 아무것도 모르던 어리바리한 내게 정신적 지주 역할을 해준 재성이 형, 수길이 형, 한 살 터울로 친구같이 지내준 필규 형, 동렬이 형, 유정이 형, 동갑내기 종호, 학원에서 공부할 때 내가 모르는 것을 하나하나 설명해주던 칠성이 형까지 내겐 참 고마운 인연이다. 각자 성격이 조금씩 다르긴 하지만 소심함 하나는 끝내주게 일치하는 멤버들이다.

수능시험이 끝난 후 우리는 거의 매일 함께 붙어 다녔다. 모임 이름도 하나 만들었다. '노량진을 사랑하는 모임'이었다.

야구만 했기 때문에 아무것도 모르는 나는
형들이 하는 한마디 한마디가 전부 신기했다.
만남 자체가 즐겁고 재미있었다.
지금은 다 같이 늙어가는 처지가 돼서
약간은 친구 같은 느낌도 있지만,
그때는 형들이 왜 그리 커 보였던지.

수능시험, 인생의 첫 번째 안타

수능시험과 사법시험 공부 과정을 돌이켜보면, 난 한곳에 잘 정착하지 못하는 스타일이다. 무언가 계속 변화를 추구했다. 공부가 잘 되지 않거나 더 열심히 해야겠다고 결의를 다질 때면 공부 장소를 바꾸곤 했다.

수능시험을 준비할 때도 학원에 다니다가 중간에 그만두고 혼자 공부했고, 사법시험을 준비할 때는 학교 고시반, 신림동 고시촌, 집 근처 독서실, 산속에 있는 고시원 등 각지를 누비고 다녔다.

재수학원에 들어간 게 2월 중순쯤이었는데, 8월까지만 학원에 다녔다. 정체된 성적에 왠지 모를 불안감이 생겼다. 학원에 다니지 않고 혼자서 공부하면 더 많은 양을 공부할 수 있을 것 같다는 생각이 들었다.

고등학교 3학년 때 다녔던 보라매공원 내 시립도서관을 다시 찾아 혼자 공부하기 시작했다. 아침 7시쯤 나가서 도서관이 문을 닫는 10시까지 공부하고 집에 돌아왔다. 잠들기 전까지는 집에서 공부했다. 혼자 공부를 하면서도 페이스는 크게 흐트러지지 않았고 꾸준하게 열심히 했다. 하지만 결과적으로 수능시험에는 큰 도움이 되지 못했다.

나름대로 공부 방법을 깨우친 이후에 그 원인을 분석해보았다. 몇가지 원인이 있었다. 하나는 국·영·수에 대한 기초가 부족한 상태였으므로 학원을 계속 다니면서 전문 강사들에게 더 배울 필요가 있었다. 혼자서 자습으로 공부해나가기엔 아무래도 지식과 경험이 너무 부족했다.

둘째, 선택과 집중을 하지 못했다. 시험이 점점 다가올수록 우왕좌왕하면서 이 문제집, 저 문제집에 손을 대기 시작했다. 차라리 지금까지 공부했던 교재들을 반복해서 보며 문제 풀이 감각을 유지하는 편이 더 좋았을 텐데, 제대로 소화하지도 못하면서 쓸데없이 책 욕심만 부렸다. 내가 어떤 내용을 '공부했다'는 사실이 중요한 것이 아니고, 시험장에서 그 문제가 나왔을 때 '맞힐 수 있느냐'가 시험공부의 핵심이어야 하는데, 나는 너무 전자에만 초점을 맞추었다. 즉, 지금껏 봐왔던 교재들로 마무리 정리를 제대로 하지 못했던 것이 패인이었다. 시험이 임박할수록 마무리 정리하는 요령이 중요한데, 그땐 그걸 잘 몰랐다.

한 가지를 더 꼽아보자면, 결국 시험공부는 시험을 잘 보기 위한 것이기 때문에 공부할 때는 시험 당일에 능력을 최대한 발휘할 수 있도록 하는 데 모든 초점을 맞추어야 한다. 단순히 하루하루 열심히 하는 것만이 중요한 것이 아니라, 어떻게 하면 시험 당일에 실수를 줄이고 능력치를 끝까지 끌어올릴 수 있을 것인가가 더욱 중요한 것이다.

하지만 당시엔 그것을 잘 몰랐다. 무조건 열심히만 하면 다 잘될 거라고 막연히 생각했다. '열심히'는 기본이고, '어떻게' 하느냐가 더 중요하다는 것을 그때는 알지 못했다. 나중에 사법시험 공부를 하면서는 '어떻게' 공부할 것인가를 끊임없이 생각해보고 벤치마킹하면서 공부 방법을 어느 정도 내 것으로 체화를 시켰지만, 수능 공부를 할 때는 그러지 못했다. 그때도 공부 방법론에 관심을 두었더라면 어땠을지 아쉬움이 남는다.

수능시험을 본 당일은 사실 정확하게 기억나지 않는다. 전날 긴장되어 잠이 들지 못했던 것과 시험을 마치고 나왔을 때 어둑어둑하던 학교의 모습만이 인상적인 기억으로 남아 있다.

나는 언어영역과 사회탐구, 과학탐구영역은 잘하는 편이었다. 문제는 기초 실력이 필요한 영어와 수학이었는데 수능시험을 볼 때에도 역시 이 과목들이 발목을 잡았다. 과학탐구영역은 만점이었고, 사회탐구영역은 한 개 틀렸다. 언어영역도 세 개 정도 틀렸던 걸로 기억한다. 여기까지는 그리 나쁘지 않았다. 역시나 영어와 수학이 발목을 잡았다. 외국어영역은 80점 만점에 70점 정도였고, 수리영역은 80점 만점에 60점 정도였다. 내가 수능을 본 해에는 시험이 쉽게 출제되었기 때문에 언어와 수리영역에서 점수가 30점 이상 빠지게 되면 타격이 컸다. 원점수 총점 364점. 생각보다 점수가 잘 나오지 않았다.

나는 수능시험을 한 번 더 보고 싶었다. 처음 응시한 시험이었고 무언가 결과가 아쉬웠다. 아직은 절대적인 공부량이 부족하다고 생각했다. 내게 시간이 조금만 더 주어진다면 시험을 더 잘 볼 수 있을 것 같았다. 나도 나름대로 고집을 부려봤지만, 부모님이 완강히 반대하셨다.

부모님께서는 처음 야구를 그만둘 때는 상상도 못했던 성적을 받아왔으니 이 정도면 충분하다고 생각하셨던 것 같다. 사실 내가 생각을 해봐도 나중에 사법시험에 합격한 것보다 야구를 그만두고 수능시험을 봐서 대학에 진학한 것이 훨씬 신기하다는 생각이 들기는 한다. 결국 부모님을 이기지 못하고, 아쉬움을 남긴 채 그해에 대학에 입학했다.

수능시험을 준비하면서 대학에 가면 어떤 학과가 있는지 잘 몰랐고, 무엇을 전공할지도 한 번도 생각해본 적이 없었다. 이런 생각을 해볼 계기도, 시간적 여유도 없었다. 수능시험을 본 후 원서를 쓰는 순간에도 어디에 지원해야 할지 몰랐다. 결국 학원에서 배치표를 하나 구해와서 점수대에 맞는 대학과 학과를 골랐다. 인문계에서 가장 많이 간다는 법학과와 경영학과에 원서를 썼다. 사실은 막연하게 국문학과에 진학해보고 싶다는 생각도 있었지만(글을 쓰는 작가가 너무 멋

있어 보였다), 결국 원서를 쓰는 것까지는 실행하지 못했다. 체육학과 진학도 생각해보긴 했는데, 그 당시에는 운동과 관련된 학과에는 진학하고 싶은 생각이 들지 않았다. 운동과 관련 없는 학과에서 새로운 공부를 해보고 싶었다. 그렇게 우여곡절 끝에 드디어 인하대학교 법학과에 입학했다.

공부 기술

자기 주도적 학습법을 택하라

책상에 앉아 공부하면서도 항상 염두에 둔 사실은 '이것이 시험에 나온다면 어떤 식으로 출제될 것인가'였다. '내가 출제자라면 이 부분에서는 문제를 어떻게 낼 것인가? 이 부분은 다른 부분과 어떻게 연결될 수 있을까? 만약 응용한다면 어떻게 변형해서 출제할 것인가'를 끊임없이 머릿속에 그려보았다. 이 방법을 사용하면 저자에게 끌려가는 것이 아니라 내가 주도적으로 학습할 수 있다. 주도적 학습은 흥미를 유발한다. 멍청하게 앉아서 졸린 눈으로 책에 쓰인 글자를 단지 읽어나가는 것이 아니라 내가 질문을 던지고 내가 답하는 방식이다.

주도적 학습은 시험을 잘 보기 위해서도 필요하지만 그 책에 대한 이해도를 높이는 데도 아주 큰 역할을 한다. 누차 강조하지만 특정 부분을 읽으면서 그 내용을 충실히 이해하는 것이 공부의 첫걸음이다.

일단 이해된다면 스스로 문제를 만들어보기도 하고, 이해를 바탕으로 내용을 응용해보는 것도 아주 좋은 방법이다. 그러한 과정에서 내용이 정리되고, 자연스레 암기되는 경우가 많아서 암기에 관한 부담도 줄일 수 있다.

시험 문제는 교과서 내용이 그대로 출제되지 않는다. 그 내용을 충분히 이해했음을 전제로 변형해서 출제하거나 다른 부분과 결합 형태로 출제하는 경우가 많다. 이와 관련해 유사하거나 반대되는 개념의 비교 정리는 정말 중요한 공부 방법이다. 마치 영어 단어를 암기할 때 유사어와 반대어를 함께 공부하는 것처럼 말이다.

예를 들어, 300쪽 분량의 교과서가 있다고 가정해보자. 50쪽에서 어떤 개념을 공부하고 나서 시간이 한참 흐른 후 250쪽쯤에서 그와 유사하거나 반대되는 내용에 대해 공부한다고 했을 때, 50쪽에서 나온 내용은 이미 기억 속에서 사라진 지 오래다. 이럴 때 대부분은 찾아보기도 귀찮고 진도를 빨리 나가고 싶은 욕심에 교과서를 다시 들추기를 꺼린다.

이러한 공부 방법은 지양해야 한다. 반드시 앞서 공부했던 관련 내용을 찾아서 다시 한 번 공부한 후 현재 공부하는 내용과 함께 정리해야 한다. 포스트잇이나 연습장을 이용해 비교, 정리한 후 책에 끼워 넣는 방법도 좋다. 함께 정리해야 더욱 이해가 잘된다.

정리하지 않고 이해만으로 그쳐서는 주관적 만족 그 이상의 것을 얻지 못한다. 적어도 시험 대비를 위해서라면 반드시 두 가지 유사 내용을 비교하여 자신이 이해한 대로 정리해두어야 한다. 나는 연습장에 두 가지 내용의 공통점과 차이점을 하나하나 분석해서 정리해둔 후 어느 한쪽에다가 딱풀을 이용해 붙여두었다. 50쪽 여백에는 '250쪽에 있는 무슨 내용과 함께 정리할 것'이라는 가필도 해두어, 다음에 공부할 때마다 50쪽과 250쪽을 함께 공부할 수 있게 했다. 이렇게 비교, 정리하는 과정에서 복잡한 내용이 정리되고, 자연스럽게 암기된다.

또 내가 즐겨 쓰는 방법은 이해가 잘 안되는 부분이나 정리가 필요한 부분 또는 핵심이 되는 부분은 책 위쪽과 아래쪽 여백에 한번 써보는 것이다. 공부란 것은 눈으로만 하는 것이 아니라 손으로도 하고, 귀로도 하고, 동작으로도 함으로써 기억력이 증대될 수 있기 때문이다.

그 내용을 '자신이 이해한 대로 바꾸어' 써봄으로써 공부를 매듭 짓는 효과를 볼 수 있다. 이는 나중에 책을 두 번째로 볼 때도 중요 부분은 본문에서 한 번, 자신이 요약한 내용대로 한 번 해서 총 두 번을 볼 수 있는 효과가 있다.

모르면 질문하라

질문하는 것에 대해 부끄러워하는 사람들이 많다. 질문하기 귀찮다는 이유로, 혹은 '다음에 볼 때 이해하면 되겠지'라는 막연한 생각으로 넘어간다. 물론 회독 수가 늘어나면서 처음에 이해되지 않았던 개념들이 이해가 되는 경우도 많지만, 처음에 정리되지 않는 부분은 나중에 봐도 마찬가지다. 다음에 볼 때에도 또다시 이해하지 못한 채 그냥 넘어가게 되고 결국엔 시험이 임박해 암기로 때우게 된다. 이해 없는 암기는 최악의 공부 방법이다. 이해를 정확히 하지 못한 채 그냥 넘어가면 결국엔 암기밖에 할 수 없으므로 공부에 대한 흥미를 잃기 마련이고, 단 며칠만 지나도 기억 속에서 사라지고 만다.

물론 스스로 기본 개념조차 숙지하지 않은 상태에서 질문하는 것은 옳지 않다. 질문하기 전에 먼저 충분히 곱씹어보아야 한다. 시간을 들여 고민해보고 다른 책을 찾아봤는데도 이해되지 않을 때 주변 친구나 선생님에게 질문하는 것이 좋다. 나는 주변 친구나 교수님에게 질문을 자주 하는 편이다. 책상에 앉아 머리를 싸매고 한두 시간을 보내도 이해되지 않던 것이 교수님이나 친구의 한두 마디에 해결되는 경우가 많았다. 질문하는 것은 절대로 부끄러운 일이 아니다. 게으름이나 괜한 자존심으로 빠른 길을 두고 돌아갈 이유는 전혀 없다. 자주 질문하며 선생님을 괴롭혀야 많은 것을 얻을 수 있다.

오감을 활용하라: 읽기, 쓰기, 말하기, 듣기

사람마다 공부하는 스타일이 조금씩 다르다. 책에 밑줄 하나 없이 쭉쭉 읽어 내려가는 사람도 있고, 노트에 필기하면서 공부하는 사람도 있다. 반드시 어느 방법이 옳고 어느 방법은 그르다고는 할 수 없다. 각자 스타일이 있기 때문이다. 그러나 더 좋은 방법은 여러 가지 방법을 섞어서 공부하는 것이다.

공부하는 방법을 크게 나누어보면 네 가지가 있다. 읽기, 쓰기, 말하기, 듣기다. '듣기'는 수업을 통해 얻는 지식을 말한다. 수업을 들은 후 자습을 할 때에는 나머지 세 가지 방법을 적절히 섞어서 공부하는 것이 좋다. 같은 내용이라도 학습법을 달리하면 지겨움을 덜 수 있고, 기억력을 유지하는 데도 도움이 된다.

나는 '읽기'를 기본으로 하면서 중요한 부분과 복잡한 내용을 노트나 교재의 여백 부분에 '쓰면서' 공부했다. 눈으로만 책을 읽는 것에는 한계가 있다. 분명히 읽고 이해했다고 생각했는데 책을 덮고 나서 그 내용을 써보려고 하면 막막한 경우가 대부분이다. 따라서 복잡한 내용은 노트에 한번 적어보는 것이 좋다. 그럼으로써 내용이 명확하게 이해되는 경우가 많다. 다만 쓰면서 공부하는 방법의 단점은 지치기 쉽고, 공부하는 데 시간이 너무 오래 걸린다는 점이다.

'쓰기' 효과를 더 편하게 누리는 방법은 '말하기'다. 공부하고 나서 책을 덮은 후 방금 공부한 내용을 다른 사람에게 설명하듯이 말할 수 있다면, 그 내용을 충분히 이해한 것이다. 그렇게 '말하기'를 해보면 내가 이해한 부분이 어딘지, 미진한 부분이 어딘지 알 수 있다. '쓰기'보다 시간 소비도 적고 체력적으로도 덜 힘든 방법이다.

특히 주관식 시험은 이해만으로 충분한 것이 아니라 그 내용을 답안지에 써낼 수 있어야 한다. 공부한 내용을 설명하듯 말할 수 있다면 충분히 이해되어 정리된 것이고, 그 내용을 써낼 수 있다. 나는 '말하기'를 가장 많이 사용했다. 사법시험을 공부하면서도 같이 공부하는 친구와 서로 묻고 답하면서 실력이 많이 늘었던 것 같다. 만약 혼자서 공부해야 한다면 정리된 내용을 녹음해서 수시로 들으면서 다니는 것도 좋은 방법이다. 자기 목소리를 자기가 듣는 게 조금 민망하다는 점을 제외하고는 말이다.

공부 방법과 관련한 여러 서적을 읽어보면 공부하는 형태를 바꿔가며 공부하는 것이 좋다는 내용이 자주 나온다. 아무리 글을 읽어도 잘 이해되지 않던 내용인데 연습장에 그림과 함께 적다보니 자연스레 이해되었던 경험을 한 번쯤 해보았을 것이다. 즉, 한 가지 형태의 공부 방법으로는 머릿속에 각인되지 않던 내용이 공부 방법을 변형시키는 과정에서 자연스레 이해되거나 장기 기억 속으로 넘어가게 되는 것이다. 흔히 공부한다고 하면 책상에 앉아서 책을 읽는 모습만을 생각하지만, 공부하는 방법에는 여러 가지 형태가 있다는 점을 잊지 말아야 한다.

속독과 정독을 병행하라

사법시험 공부를 하면서 느낀 점은 사람에 따라 책을 읽는 속도가 엄청나게 차이 난다는 것이다. 어떤 사람은 시간당 30~40페이지를 쉽게 읽지만, 나는 한 시간에 고작 6~7페이지밖에 읽지 못하는 경우도 많았다. 자신만의 스타일이 있기 때문에 어떤 방법이 반드시 옳다고는 말할 수 없지만, 속독으로 얻을 수 있는 것과 정독으로 얻을 수 있는 것에는 약간의 차이점이 있다. 자신의 독서 스타일이 속독이라면 속독의 단점을 보완해주는 방법이 필요하고, 정독하는 스타일이라면 정독의 단점을 보완하기 위한 대책이 필요하다.

속독은 전체 흐름을 파악하기 쉽다는 장점이 있다. 빠르게 한 권을 독파할 수 있기 때문에 소위 말하는 '숲을 보는' 데 유리하다. 또한 회독 수를 늘리기 쉬우므로 단기간에 여러 번 반복할 수 있다는 장점이 있다. 반면 세밀한 부분을 간과하기 쉽다는 게 단점이다. 각 개념의 미세한 차이 등 꼼꼼히 보지 않으면 놓치기 쉬운 부분을 잡지 못하고 넘어가게 될 위험성이 있다.

정독은 속독과 반대다. 꼼꼼하게 보기 때문에 각 개념 간의 차이점과 같은 세밀한 부분까지 놓치지 않을 수 있다는 장점이 있으나 책 한 권을 독파하는 데 걸리는 시간이 길다. 책 뒷부분을 읽을 때쯤이면 앞에서 공부한 개념들이 기억나지 않는 경우가 많고, 처음 접하는 과목은 전체적인 흐름을 잡기가 어렵다.

나는 극단적인 '정독파'다. 기본 내용을 모두 이해할 때까지 곱씹어보는 스타일이기 때문에 책을 읽는 속도가 굉장히 느리다. 따라서 처음 공부하는 과목은 전체적인 흐름을 잡기가 쉽지 않다.

나는 성격이 꼼꼼하지 못한 편인데 적어도 공부할 때만큼은 완벽주의에 가까운 성향을 보이기 때문에, 이해되지 않는 부분이 있으면 그 페이지만을 붙잡고 몇 시간을 보내기도 했다. 사실 처음 배우는 과목인 탓에 뒷부분까지 모두 공부한 후에 이해할 수 있는 내용임에도 완벽주의적인 성격상 이해가 안되면 책 뒷부분이라도 미리 찾아서 공부하기도 하고 다른 책을 찾아보는 수고를 게을리하지 않았다.

장점은 일단 이해와 정리를 마친 이후에는 그 내용을 굉장히 오래 기억하는 편이었다. 몇 시간 동안을 고민해가며 이 책 저 책을 다 뒤져본 후 해당 부분에 정리까지 마쳐놓은 내용은 시간이 한참 흐른 뒤에도 명확히 기억할 수 있는 경우가 많았다. 그러나 새로운 과목을 공부할 때는 남들보다 이해하는 속도가 굉장히 느린 편이었다. 전체적인 숲을 보기도 전에 나무 하나하나를 뜯어보는 성격 때문이었다.

그래서 나의 이러한 단점을 보완하고자 노력했다. 가장 좋은 방법은 처음에는 가벼운 마음으로 속독하는 것이다. 기본 개념을 중심으로 공부하면서 나머지 내용은 마치 소설책 읽듯이 가벼운 마음으로 읽어 내려갔다.

명확하게 이해되지 않는 부분은 샤프로 나름대로 근거를 붙여보았다. 이를테면 '잠정적 판단'이었던 셈이다. 나중에 다시 볼 때 나름대로 생각해본 근거가 맞았던 경우도 있고 틀렸던 경우도 있다. 어찌되었건 이러한 과정을 통해 책에 끌려다니지 않고 자기 주도적으로 책을 읽어나갈 수 있었다.

이러한 방식으로 책 전체를 한두 번 빠르게 읽은 후 본격적으로 정독에 들어간다. 이제부터가 본격 레이스다. 이해되지 않는 부분은 절대로 그냥 넘어가서는 안 된다. 다른 문헌을 참조하든, 선생님에게 질문하든, 친구에게 물어보든 최대한 모든 내용을 이해하려 애써야 한다. 지금 그냥 넘어가는 부분은 앞으로도 계속 이해하지 못한 채 넘어가게 된다. 이런 부분은 남들도 마찬가지로 이해하기 어려운 부분에 해당하기 때문에 시험에 빈출하는 부분이라고 보면 된다.

앞서 말했듯 이때 주의해야 할 점은 이해로 그쳐서는 안 된다는 것이다. 적어도 수험 관점에서는 그렇다. 지적 호기심을 채우기 위해서 공부하는 것이라면 이 단계에서 멈추는 것으로 충분하다. 그러나 시험을 치르는 것이 목적이라면 이해를 넘어 반드시 정리 단계까지 이르러야 한다.

재미있는 사실은 속독할 수 없는 가장 큰 이유 중 하나가 기초적인 내용을 이해하지 못했거나 그 내용이 숙달되지 않아서라는 점이다. 따라서 위와 같은 정리 과정을 거치면 자연스레 기본적인 뼈대가 잡히면서 책을 읽는 속도가 빨라진다.

이렇게 계속 반복 학습을 하면 결국 시험 막바지에 이르렀을 때는 책 한 권을 하루에 볼 정도로 실력이 쌓인다. 요약하자면 '의도적 속독'으로 시작하여 '의도적 정독'의 순서로 공부한다면, 점차 실력이 쌓이며 '자연스러운 속독'의 단계로 넘어갈 수 있다는 것이다.

기출문제를 반드시 풀라

모든 시험공부의 첫걸음은 기출문제 분석이다. 기출문제야말로 앞으로 공부를 어떻게 해야 할지 제시해주는 바로미터다. 이뿐만 아니라 중요한 부분과 그렇지 않은 부분을 파악할 수 있게 해줌으로써 공부의 강약을 조절할 수 있게 도와준다. 시험 과목을 공부하면서 제일 먼저 사야 할 것이 바로 교과서와 기출문제집이다.

처음 공부하는 과목은 기본적인 내용조차 숙지가 안 되어 있기 때문에 기출문제를 보더라도 전혀 풀 수 없는 경우가 태반이다. 하지만 해당 부분을 공부할 때 어떠한 내용이 어떠한 식으로 출제되었는 가를 살펴봄으로써 앞으로 공부할 방향과 그에 대한 대비책이 정립 되는 경우가 많다. 또한 해당 과목에서 출제자들이 중요하다고 생각 하는 부분은 항상 비슷하므로 기출문제를 통해 출제자들이 중요하 다고 생각하는 부분을 빨리 파악할 수 있다.

이는 사법시험뿐만 아니라 수능시험도 마찬가지다. 기출문제집 이외에 시중에 돌아다니는 문제집들은 어디까지나 배운 내용의 반 복과 응용을 위한 연습문제에 불과하다. 요즘은 시중에 나와 있는 문제집도 충분한 감수를 거치고 수정 작업을 거쳐 문제에 오류가 적 지만, 기출문제야말로 최고의 출제위원들이 모여 엄격한 검증 작업 을 거쳐 만들어낸 걸작품이기 때문에 이보다 좋은 문제를 찾기 어렵 다. 따라서 기출문제를 반복해서 연구하고 풀어보는 것만큼 좋은 방 법은 없다.

6th

사법시험에
도전하다

모든 사람은 잠재된 능력을 가지고 있으며,
그 능력은 강렬한 욕구와 확고한 실행의지에 의해 깨어난다.

– 에드거 F. 로버츠

대학교에 입학해서는 누구나 그렇듯 정말 신나게 놀았다. 인생의 황금기였다. 학사 경고에 가까운 낮은 학점을 훈장처럼 달고 결석과 외박을 밥 먹듯이 하며 젊음을 만끽했다. 공부 따위는 완전히 뒷전이었고, 그야말로 한량 같은 생활을 하면서 지냈다.

그렇게 1학년을 마치고 군에 입대했다. 춘천에 있는 102 보충대에 입대했는데 보충대에서 신체검사를 받던 중 재검 판정을 받고 퇴소해야 했다. 다시 2학년 1학기 복학 후 인하대학교 병원에서 재검을 받았고, 4급 판정이 나와 공익근무요원으로 복무하게 되었다. 운동까지 한 내가 4급 판정을 받으리라고는 생각지도 못했다. 누군가는 농담조로 장군의 아들이 아니냐고 묻기도 했다.

어린 시절부터 축농증이 있긴 했는데 하도 어렸을 때부터 겪은 증상이라 별로 대수롭지 않게 생각하고 있었다. 그런데 나중에 재검을 받고 보니 왼쪽 코 안에 물혹이 있다는 사실을 알게 되었다. 재검을 받으러 갔을 때 검사 결과를 보던 의사 선생님이 이 지경이 될 때까지 몰랐느냐고 물어보셨다. 나는 원래 어렸을 때부터 그렇게 살아서 불편할 것을 모르고 살았는데 그게 4급 판정의 사유가 되는지 처음 알았다. 어찌 되었건 그렇게 재검을 받은 후 2학년 1학기를 마치고 다시 입대하였고, 2년 4개월 동안 공익요원으로 근무를 하게 되었다.

훈련소를 퇴소한 후 처음 배치 받은 곳은 구청 산하의 도시시설관리공단이었다. 주차장과 수영장 중에서 수영장에 배치되었다. 수영장에 처음 배치되어서는 일도 익숙하지 않고 이것저것 배우느라 정신이 없었는데 시간이 좀 지나고 나니 여유가 생겼다. 무언가를 공부해보는 게 좋겠다는 생각이 들었다.

사실 입대 전에는 법대 1학년생의 필수 과목이자 법학도의 첫걸음이라고 할 수 있는 민법총칙조차 수강하지 않았다. 노느라 바쁘기도 했지만 어차피 수강하더라도 군 제대 후에는 기억조차 나지 않을 걸로 생각했기 때문이다. 법학과를 3학기나 다녔지만 법학이라는 과목에 대해서는 거의 무지했다.

처음부터 사법시험을 공부해야겠다고 생각한 것은 아니었다. 사실 나에게 사법시험이라는 것은 멀게만 느껴졌다. 도저히 합격할 수 있을 거라는 생각이 들지 않았다. 감히 나 따위가 공부해서 될 수 있을까? 거대한 산처럼 느껴졌다. 처음에는 막연히 '법무사 시험을 볼까?' 아니면 '변리사 시험을 볼까?'라는 생각을 했다(이 시험들은 사법시험에 버금갈 정도로 어려운 시험들이지만, 그 당시에는 무지했기 때문에 그렇게 생각했다).

그때는 어디 물어볼 선배도 없었기 때문에 혼자 인터넷을 검색해보면서 정보를 수집했다. 사법시험, 법무사시험, 변리사시험 모두에 공통적으로 들어가 있는 과목이 민법이었다. '일단 민법 공부를 좀 해보면서 차차 결정하자'라는 생각으로 민법 공부를 시작했다.

공익요원으로 근무를 하면서 남는 시간에 짬짬이 공부를 했다. 민법의 바이블이라 할 수 있는 곽윤직 교수님의 『민법총칙』을 구매했다. 한자 때문에 한 페이지도 제대로 읽을 수가 없어 충격을 받았다. 내 이름 석 자 빼고는 읽을 수 있는 한자가 없었는데 법전뿐만 아니라 교과서의 중요 문구들이 하나같이 모두 한자로 되어 있었다. 한참을 고민하다가 근처 문방구에 가서 초등학생들이 쓰는 한자 노트를 샀다. 무식하게 한 글자 한 글자 옥편을 찾아서 한자 노트에 음과 뜻을 쓰고 외우기 시작했다. 공부하는 시간도 많지 않았기 때문에 많이 봐야 하루에 한두 페이지 정도 본 것 같다. 그렇게 공부를 시작했다.

처음에는 단기간에 합격해야겠다는 마음을 먹은 것도 아니고 공익 근무기간을 유용하게 보내보자는 의도로 시작한 공부여서 서두르지 않았다. 짬이 나면 조금 공부를 하다가 며칠은 놀고 그런 식이었다. 그렇게 하는 둥 마는 둥 민법 공부를 하다가 공익 생활이 거의 끝날 무렵 '기왕에 공부를 시작한 거 되든 안되든 사법시험에 한번 도전해보자'라는 생각이 들었다. 신림동에 가서 강의 테이프를 사다 듣기 시작하면서부터 조금씩 법학에 흥미를 붙였고 본격적으로 공부하게 되었다.

처음 사법시험을 준비하게 된 계기는 단순히 법학과를 다니고 있었기 때문이었고 '나도 한번 봐볼까?' 하는 가벼운 마음으로 시작한 것이었다. 하지만 공부를 해가면서 차츰 법학이라는 학문에 매료되었다. 내가 즐겁게 할 수 있는 일을 하면서 사회에 이바지할 수 있는 바가 많다는 점에서 법조인이라는 직업에 매력을 느끼게 되었다. 또한 법적으로 어려움에 처한 사람을 직접 도와줄 수 있는 실용적인 학문이라는 점이 매력적이었다. 이것이 사법시험을 준비하게 된 가장 큰 이유였다.

이후 사법시험을 준비하는 과정과 사법연수원 생활이 쉽지만은 않았지만 법을 공부하는 것 자체가 즐거웠고, 야구 이상으로 내 가슴을 뛰게 했다. 흥미와 재미가 나로 하여금 법조인이라는 새로운 꿈을 꾸게 했다. 사법시험을 준비하기 시작한 이래로 법조인이 내 천직이라는 것을 한 번도 의심해본 적이 없을 정도로 적성에 잘 맞았다. 공부하면서 때때로 좌절한 적도 많았지만, 열심히 연구해서 법리를 깨우칠 때마다 느끼는 즐거움이야말로 힘든 과정을 즐겁게 헤쳐 나가는 원동력이 되었다.

예전에는 사법시험 1차에 영어 과목이 포함되어 있었다. 그래서 영어를 잘하는 사람은 1차 시험에 합격하기가 쉬웠는데, 내가 시험을 보기 몇 해 전부터 단순 자격요건으로 바뀌었다. 토익 700점만 넘으면 누구나 사법시험 1차에 응시할 수 있게 된 것이다.

사법시험에 응시하기 위해 토익시험을 봐야겠다는 생각을 하고 일단 아무 생각 없이 토익시험을 보았다. 495점. 야구를 그만두고 수능을 준비하면서 영어를 독해 위주로 공부했기 때문에 문법적 기초나 리스닝 실력이 좋지 않았다.

이래서 700점을 맞을 수 있을까? 걱정이 됐다. 정보 수집에 들어 갔다. 인터넷에 유명하다는 토익 카페는 전부 가입한 뒤 하루에 한 시간씩 검색을 했다. 가장 많이 본다는 토익책을 샀다. 굳이 비싼 돈을 주고 학원에 다니지는 않았다. 그냥 혼자서 공부하면 되지 않겠느냐는 생각으로 한 달 동안 영어 공부만 했다. 어디에 있든 이어폰을 꽂고 영어 테이프를 반복해서 들었고 잘 때도 이어폰을 꽂은 채로 잠이 들었다. 리딩은 토익 책 한 권을 계속 반복해서 보면서 단어를 외웠다. 문제집을 여러 권 푸는 사람도 있지만 원래부터 한 권만 열심히 보자는 주의라서 다른 책에는 욕심도 내지 않고 리딩책 한 권, 리스닝책 한 권만 반복해서 보았다. 한 달 만에 책이 너덜너덜해졌다. 다음 달에 있었던 토익시험에서 다행히 795점을 받았다. 일단 사법시험 1차에 응시하기 위한 조건은 갖춘 셈이었다.

2004년 11월에 소집해제가 되자마자, 학교에 있는 고시반에 들어갔다. 입대 전에 항상 함께 놀던 우석이와 종국이가 고시반에서 공부하고 있었다. 사실 처음에는 서로 의외라는 눈빛으로 쳐다봤다. '니가 고시 공부를?' 하는 느낌이었던 것 같다. 입대 전에는 맨날 술만 퍼마시고 지내던, 공부와는 무관할 것 같던 사람들이 군 제대 후 서로 고시반에서 만난 것이다.

어찌 되었건 우리 세 명은 의기투합했다. 고시반에서 '삼총사'라고 불리며 항상 붙어 다녔다. 셋 다 제대한 지 얼마 되지 않았기 때문에 다들 의욕이 충만했는데 서로서로 공부하는 데 자극제가 되었다. 새벽 1~2시까지 고시반에서 공부하고 나서도 기숙사로 돌아와 기숙사 안에 있는 독서실에서 새벽 3~4시까지 공부를 하다가 잠이 들곤 했다.

셋이서 죽이 잘 맞았다. 같이 공부하는 것도 재미있었지만, 같이 노는 것은 더 재밌었다. 뭐가 그리도 재미있었는지 공부도 열심히 했지만 학교 후문에서 술도 참 많이 마셨다. 새벽 1~2시까지 고시반에서 공부하다 고시원에 잠을 자러 들어가기 전에 그 추운 겨울날 운동장 벤치에서 나눠 마시던 캔맥주의 맛을 잊지 못한다.

세 명이 함께 붙어 다니니까 서로 의지가 된다는 좋은 점도 있었지만 셋이 어울려 술도 자주 마셨다. 비가 오면 막걸리가 생각난다며 막걸리를 마시러 갔고, 공부를 열심히 하다가도 저녁노을이 지는 모습에 취해 오늘 같은 날 한 잔 안 마실 수 없다면서 술을 마시기도 했다. 사실 나는 술을 그렇게 잘 마시지도 못할뿐더러 그리 좋아하는 편도 아니었지만 함께 시간을 보내는 게 즐거웠다. 이듬해 처음으로 사법시험 1차에 응시했지만 세 명 다 불합격이었다. 아직은 공부의 절대량이 부족한 시기였다.

🎾 공부에 미치다

2005년 2월에 있었던 사법시험 1차에 불합격한 후 학교에 복학했다. 1학기를 마치고 2006년 1차 합격을 목표로 열심히 해보자는 각오로 7월에 우석이, 종국이와 함께 휴학을 하고 신림동에 있는 고시촌으로 자리를 옮겼다. 셋이 너무 붙어 다니면 자주 놀게 된다는 단점이 있었기 때문에 신림동에서는 서로 떨어져 있기로 하고 독서실도 다른 곳으로 잡았다. 물론 시간이 조금 흐른 후에는 가끔 만났다. 주말이면 밥도 같이 먹고 가끔 당구도 쳤다.

당시에는 꽤 열심히 공부했다. 짧은 시간에 많은 내용을 머릿속에 집어넣느라 머리에 과부하가 걸려서 그런지 오랜만에 셋이 만나서 밥이라도 먹고 나면 독서실 들어가기가 너무 싫었다. 칼 같이 밥만 먹고 자리를 파하는 때도 있었지만, 어떤 때는 독서실에 들어가는 것이 싫어서 독서실 앞에서 한참 수다를 떨다가 "주말이니까 당구라도 한 게임 칠까?"라는 누군가의 제안에 당구를 한 게임 치고 나오기도 했다. 그러곤 독서실 앞에서 서성거리다가 "주말인데 깔끔하게 술 한 잔만 먹자!"라는 말에 밤새도록 술을 마셨던 적도 있다. 나름 낭만 있는 고시 생활이었다. 공부도 노는 것도 열심히 하던 시기였다.

처음 신림동에 들어가면서 흔히들 말하는 '스터디'라는 것을 만들었다. 스터디에는 여러 가지 종류가 있지만 나는 '생활 스터디'라는 것을 만들었다. 생활 스터디란 이런 것이다. 보통 네다섯 명이 하나의 스터디를 만들어 같은 독서실에서 공부를 하며 점심, 저녁을 같이 먹는다. 아침 출근시간과 저녁 퇴근시간을 정해놓고, 지각을 하거나 조퇴를 하면 벌금을 낸다. 이런 방식으로 서로 격려를 하면서 공부하는 것이다.

사법시험은 다른 시험과 달리 준비하는 기간이 길다. 공부를 시작한 이후로 짧게는 3년, 경우에 따라서는 4~5년 이상도 걸리기 때문에 단순한 의지만으로는 오랜 기간 버티기가 쉽지 않다. 그래서인지 생활을 강제하기 위한 여러 가지 스터디가 생겨난 것 같다.

내가 조직한 생활 스터디 이외에도 '기상 스터디'라는 것도 있었다. 아침에 시간을 정해놓고 일정 장소에 모여서 서로 일어난 것을 확인하고, 지각이나 결석을 하면 벌금을 내는 방식이다. 아침에 공부하러 나오는 것만을 강제하기 위한 것이어서 뒤에 스터디라는 말이 붙긴 하지만 엄밀한 의미의 스터디는 아닌 셈이다.

아무튼 2005년 7월에 신림동이라는 곳에 처음 들어가면서 생활 스터디를 만들었다. 다섯 명이 모였다. 동갑 한 명과 형님 한 분, 누나들 세 분이었다. 사실 스터디를 구성하더라도 구성원들 간에 마음이 잘 맞지 않거나 유독 모나게 행동하는 사람이 있으면 스터디가 금방 깨지는 경우가 허다한데, 우리 스터디는 다들 성격이 좋아서 오랫동안 지속할 수 있었다. 동갑내기였던 호진이는 지금까지도 자주 만날 정도로 좋은 인연이 되었다.

우리 스터디는 아침 9시 이전에 독서실에 나와야 하고, 밤 10시 30분까지는 독서실에 있어야 한다는 원칙을 정했다. 딱 그 시간까지만 공부해야겠다는 것이 아니라 공부가 잘 안되는 날에도 최소한 그 정도는 공부할 수 있도록 심리적 마지노선을 정해놓은 것이다. 평상시에는 열심히 공부하면서 가끔은 그동안 모아두었던 벌금으로 회식도 했다.

사법시험을 준비한 기간 중 이때가 가장 열심히 공부한 시기였다. 공부가 너무 재미있었다. 공부를 마치고 집에 가서 자려고 누우면 내일 공부할 내용이 기대돼 마치 다음 날 소풍을 기다리는 초등학생의 마음처럼 가슴이 두근두근 뛰었다. 빨리 내일이 와서 독서실에 나가 공부를 하고 싶었다. 법학이 이렇게 재미가 있는 과목이었나 싶을 정도였다. 아침에는 알람을 맞추어놓지 않더라도 눈이 저절로 떠졌고 집에 오가는 시간에도 머릿속에서는 그날 공부한 내용을 복습하느라 정신이 없었다. 책상에 앉아 있지 않은 시간에도 내 머릿속은 항상 바쁘게 움직였다.

즐거운 날들이었다. 그에 맞춰 실력도 쑥쑥 늘었다. 학원에서 매달 모의고사를 봤는데, 매번 최상위권 성적을 받았다. 시험 전까지 흔들리지 않고 공부한다면 충분히 합격할 수 있을 것 같았다. 비록 모의고사였지만 열심히 한 만큼 가시적인 성과가 나오니 공부가 재미있었다.

⚾ 노량진 vs. 신림동

어렸을 때 살았던 우리 집은 노량진에 있다. 서울에서 '고시의 메카' 하면 떠오르는 장소가 노량진과 신림동이다. 신림동은 주로 사시, 행시, 외시 등 각종 고시를 준비하는 사람들을 위한 학원가가 형성되어 있고, 노량진은 대입시험, 임용고시, 7·9급 공무원시험, 공인중개사시험 등 다양한 시험을 준비하는 사람들을 위한 학원가가 형성되어 있다.

어렸을 때 집에서 조금 떨어진 학원가 쪽으로 나오면 가장 인상적이었던 것이 수없이 늘어선 떡볶이 포장마차와 오락실이었다. 지금도 노량진 학원가는 서울은 물론 수원, 인천 등지에서 학원 강의를 듣기 위해 지하철로 오가는 고등학생들과 재수생들로 붐빈다. 그래서 10대 후반과 20대 초반을 타깃으로 한 시장들이 형성되어 있다. 주머니에 큰돈이 없는 학생들이 값싸고 배부르게 먹을 수 있도록 떡볶이와 순대, 김밥, 튀김 등을 파는 것이다. 지금은 오락실 대신 PC방이 많아졌고 떡볶이 가게는 예전보다 많이 줄어든 대신 일회용 용기에 볶음밥과 소시지 등을 담아서 파는 '컵밥'이 인기가 많다.

나는 노량진에 살면서 재수학원에 다녔고 사법시험을 준비할 때는 신림동에서 공부를 했기 때문에 노량진과 신림동 양쪽에서 모두 지내보았다. 이유는 정확히 모르겠지만 같은 고시촌이면서 조금씩 다른 점이 있었다. 가장 큰 차이라면 신림동은 고시식당 문화가 굉장히 발달해 있는데 반해 노량진은 고시식당이 많지 않다는 것이다. 내가 신림동에 처음 사법시험 공부를 하러 들어갔을 때 고시식당은 정말 신기한 곳 중 하나였다. 단돈 2,500원에 그렇게 맛있는 음식이 나오다니……. 믿을 수가 없었다.

신림동 고시식당에는 독특한 규칙이 있다. '월우, 수돈, 금계'라고 해서 월요일은 소고기, 수요일은 돼지고기, 금요일은 닭고기가 반드시 나와야 한다는 불문율이다. 말처럼 딱 지켜지지는 않았지만 적어도 금요일에 닭고기가 나오는 것만큼은 철저하게 지켜졌다. 물론 식재료가 썩 좋은 편은 아니라서 나중에는 금방 질리게 되었지만, 신림동에 처음 들어갔을 때는 그야말로 천국이었다.

반면에 노량진은 고시식당이 몇 개 되지 않고 작은 식당이나 분식 위주의 가게들이 많다. 신림동처럼 수험가에서 아예 숙식을 해결하는 경우보다 학원 강의를 듣기 위해 집에서 오가는 사람이 더 많기 때문인 것 같기도 하다.

　독서실에도 차이가 있다. 신림동은 스터디형 책상이라고 해서 대학 도서관 책상들처럼 책상 위쪽이 막혀 있지 않고, 책상의 크기도 상당히 넓은 편이다. 신림동에서 유명한 독서실들은 거의 카페 수준의 휴게실을 갖추고 있을 정도로 온갖 편의시설이 잘 구비된 곳이 많다. 반면 노량진은 대부분 책상이 작다. 가끔 대형 책상이라고 광고를 붙여놓은 곳도 실제로 가보면 신림동에 있는 평균적인 독서실 책상 크기에도 못 미칠 때가 많다. 또 하나 특징적인 차이는 신림동은 독서실에 남녀 구별을 하는 곳을 본 적이 없는데 노량진에 있는 독서실들은 여자 전용 층이 따로 있는 경우가 많았다.

　신림동은 찻길에서부터 안쪽으로 계속 언덕이 형성되어 있고, 찻길에서 20분 정도 걸어 올라가도 고시촌일 정도로 고시촌 규모가 크다. 학원과 독서실이 몰려 있는 주요 골목은 방값과 고시식당의 가격이 비싼 편이지만 산 쪽으로 올라갈수록 가격이 내려간다. 신림동에 살아본 사람들은 누구나 아는 신림9동 '놀이터'를 기점으로 산 쪽으로 계속 올라가면 방값이 한 달에 10만 원 정도밖에 안 되는 방들도 많다. 전체적인 물가는 노량진보다 오히려 신림동이 조금 더 싼 것 같다. 그래서인지 요즘에는 노량진에서 신림동으로 장소를 옮겨 공부하는 사람들도 꽤 되는 것 같다.

공부하면서 가끔 슬럼프에 빠지기도 했다. 처음 신림동에 들어가고 나서 몇 달이 지났을 때였다. 신림동에서 노량진에 있는 집까지 버스를 타고 왔다 갔다 했는데, 항상 신림사거리를 지나갔다. 그쪽 동네에서는 가장 번화한 곳이다. 밤에 독서실에서 집으로 가는 시간이면 매일같이 버스 창밖으로 놀러 나온 수많은 사람을 보게 된다. 공부에 대한 의지가 충만할 때는 아무런 생각이 들지 않았는데, 공부하는 게 힘들고 지칠 때면 창밖 너머로 보이는 광경이 너무 부럽기만 했다. 사람들은 참 즐거워 보였다. 물론 나는 내 꿈을 이루기 위해서 공부하고 있지만, 주말 저녁 신나게 놀고 있는 사람들을 보면 부러운 마음이 드는 건 어쩔 수 없었다.

한창 공부를 열심히 하고 있을 때였다. 하루는 밤 12시가 다 되어 공부를 마치고 나왔는데 우울한 기분이 들었다. 집에 가기 위해 버스 정류장까지 갔지만 버스를 타지 않고 무작정 집 쪽으로 걸었다. 그냥 무작정 걷고 싶었다. 고시촌에서 노량진 집까지는 걸어서 두 시간 가까이 걸리는 거리였는데, 걷다가 편의점에 들러서 소주를 한 병 샀다. 반바지에 슬리퍼를 신은 채로 어깨엔 가방을, 한 손엔 소주병을 들고 병나발을 불며 집으로 걸어갔다. 반대편에서 걸어오던 사람들이 슬슬 나를 피하기 시작했다. 사람들이 마치 파도가 갈라지듯 내 양쪽으로 피해서 걷는 것이었다. '내 얼굴이 그리 험악하게 생겼나?' 그때는 왜 그런지도 모르고 그냥 걸었는데, 지금 생각해보면 조금은 이해가 된다. 새벽 1시가 다 되어가는 시간에 웬 남자가 심각한 표정으로 소주병을 들고 병나발을 불면서 걸어가고 있었으니 말이다.

이때를 시작으로 고시 공부를 하는 동안 몇 번인가 혼자서 깡소주를 마신 적이 있다. 사법시험 2차에 떨어지고 나서는 학교 기숙사 뒤편 외진 곳에서 아스팔트 바닥에 앉아 혼자서 깡소주를 마신 적도 있다. 술 마시는 걸 딱히 좋아하지도 않고 소주라면 더더욱 질색하는데도 말이다. 마음고생이 많았던 시절이었다.

2005년도에 신림동에서 사법시험 1차를 준비하면서 가끔씩 흔들리는 날도 있었지만 대체로 하루하루 충실히 보냈다. 시험은 한 달 앞으로 다가왔다. 아직 1차 시험에 합격해본 경험이 없었기 때문에 마음이 불안했고 남은 기간 마지막 마무리를 확실하게 하고 싶었다. 그러던 어느 날 독서실 앞에서 경기도 포천에 있다는 고시원 전단을 보게 되었다. 시험을 보기 전에 한 달 정도 산속에서 마무리 공부를 하는 것도 괜찮겠다 싶었다. 쇠뿔도 단김에 빼라고 했던가. 신림동에서 공부하고 있던 친구 종국이와 함께 다음 날 바로 짐을 챙겨 포천에 있는 고시원으로 출발했다.

고시원은 산속 깊은 곳에 있었다. 고시원에서 찻길까지 나오는 데만 3킬로미터 정도 되었다. 외부와는 철저히 단절되어 있어 공부하기에는 최적의 조건이었다. 근처에 그 흔한 구멍가게 하나 없고 필요한 것들은 식당에 있는 컴퓨터로 주문하면 마치 보급 나오듯이 봉고차로 배달되었다. 주문하고 고시원에서 공부하고 있으면 종을 매단 봉고차가 멀리서 '딸랑 딸랑' 소리를 내면서 올라온다. 그러면 얼른 뛰어나가 초코파이랑 간식거리 등을 받아 왔다. 눈이라도 많이 오는 날에는 봉고차가 고시원으로 올라오지 못해 무릎까지 쌓여 있는 눈을 뚫고 언덕 밑에 내려가서 간식들을 받아오기도 했다. 고시원에서 이모님이 해주시는 밥이 맛있긴 했지만 이상하게 단것이 먹고 싶어 초코파이는 고시원 생활의 필수품이었다.

그때부터 한 달 동안 먹고 자는 시간을 제외하고는 오직 공부에만 매달렸다. 공부 시간을 정확히 측정해보지 않았지만 최소 열네 시간에서 열다섯 시간씩은 공부를 했던 것 같다. 어차피 인터넷도 안 되고 공부 이외에는 할 것도 없었다. 식사 후에 종국이 방에 가서 잠깐 수다를 떠는 게 전부였다.

딱 한 번 예외가 있었다. 고시원에 들어간 지 2주 정도 지났을까. 자정쯤에 공부하다가 너무 지겨워서 종국이 방에 잠깐 놀러 갔다. 쓸데없는 잡담을 하다가 둘이 눈빛을 교환했다. "우리 너무 열심히 하고 있는 것 같다. 딱 한 번만 놀고 들어오자"라는 말에 바로 콜택시를 불러서 포천 시내로 나갔다. 그날 술을 진탕 먹었던 것 같다. 고시원에 들어왔을 때는 이미 해가 뜨고 난 이후였다. 한참 잠을 자고 나서 눈을 떴을 땐 후회로 가슴이 쓰렸지만 지금 생각해보면 그게 고시생 시절의 유일한 낙이었고 추억이었다.

 이윽고 한 달이 흘러 시험 전날이 되었다. 시험을 보기 위해 포천 고시원을 뒤로하고 서울로 출발했다. 콜밴에 이삿짐을 옮기는 도중에 독서대를 고시원 앞 쪽으로 빼놓게 되었다. 독서대에는 '합격'이라고 큼지막하게 써서 붙여놓은 포스트잇이 있었는데, 마침 바람이 획 불면서 독서대에 붙어 있던 포스트잇이 날아가 버렸다. 그걸 보고 있던 종국이가 농담조로 한마디 던졌다.

 "너 합격이 날아갔네?"

 이 무슨 징조인가? 시험 보기 하루 전에 '합격'이 날아가버리다니……. 찜찜한 기분을 뒤로하며 그렇게 포천 고시원에서 보낸 한 달 동안의 생활을 마무리하게 되었다.

⚾ 승리와 자만

드디어 2006년 제48회 사법시험 1차 시험일을 맞이했다. 시험 전날 잠을 설치다가 새벽 4시쯤 잠이 들었다. 정신이 몽롱했지만 아침 일찍 일어나서 시험장으로 향했다. 사법시험 1차 시험장에는 별별 사람들이 다 있다. 말쑥하게 차려입고 머리에 왁스까지 바르고 오는 사람도 있고, 덥수룩한 수염에 슬리퍼를 신고 책을 한가득 들고 오는 사람도 있다. 심지어는 캐리어에 엄청나게 많은 책을 쌓아서 가지고 오는 사람도 있다.

물론 이런 사람들은 사법시험을 처음 보는 사람들이다. 몇 번 시험을 본 적이 있는 사람은 단출하게 시험 직전에 보아야 할 정리된 노트나 얇은 판례집을 들고 와서 본다. 어차피 책을 많이 가져와봐야

다 보지도 못한다는 것을 알기 때문이다.

어떤 시험이든 시험 막판이 가장 중요하다. 1년 농사의 결정판이라고 할 수 있기 때문이다. 인간의 기억력은 한계가 있는데 반해 공부해야 할 양은 엄청나게 많다. 따라서 잊어버리는 속도보다 공부를 통해 머릿속에 집어넣는 양이 더 많아야 한다. 우리가 흔히 말하는 '밑 빠진 독에 물 붓기'가 바로 그것이다. 사법시험 1차는 오전에 두 과목, 오후에 두 과목을 치르는데, 쉬는 시간에도 다들 공부를 하느라 정신이 없다. 고시생들 사이에서는 '사진 찍기'라고 하는 공부 방법이 있다. 쉬는 시간은 짧고, 봐야 할 책은 많아서 자세히 보지는 못하고 그동안 공부했던 내용을 떠올리며 빠르게 눈에 내용을 찍고 넘어가는 것이다(우리는 '눈에 바른다'는 표현을 쓰기도 했다). 별로 도움이 되지 않을 것 같지만, 1년 동안 수없이 반복해서 봐왔던 책들이기 때문에 눈으로 휙휙 훑고만 지나가도 시험을 볼 때 머릿속에 떠오르는 속도가 훨씬 빨라진다(특히 주관식 시험의 경우에는 시험 직전에 눈에 발랐던 내용이 나오면 그야말로 대박이다).

대부분 시험 시작 직전까지 책을 손에서 놓지 않는다. 범위가 매우 넓은 객관식 시험의 경우 시험 직전까지 책을 보는 게 과연 얼마나 도움이 될지에 대해서는 의문이 있지만, 기본적으로는 시험을 대하는 태도의 문제라고 생각한다. 시험이 시작되는 그 마지막 순간까지 최선을 다하는 모습을 보인 사람이라면 시험에 합격할 가능성이 높지 않을까? 나 역시도 시험 시작 직전까지 책을 놓지 않았다.

오전 시험부터 오후 시험까지 큰 무리 없이 시험을 보았다. 시험

보기 전날에는 다소 긴장하는 편이지만 실제 시험장에서는 큰 실수 없이 시험을 보는 편이다. 시험 볼 때는 마음가짐을 대범하게 하는 것이 실수하지 않는 비법인 것 같다. 당연한 이야기지만 '모르는 것이 있으면 틀린다. 아는 것만 실수 없이 맞히자'라는 마음가짐이 중요하다. 모르는 것을 맞히려고 하니 문제가 생기는 것이다.

그렇게 무사히 시험을 보고 저녁 때 법무부 홈페이지에 뜬 정답 가안을 보기 위해 컴퓨터를 켰다. 두근거리는 마음을 진정시키며 채점을 했다. 결과는 좋았다. 헌법 90점, 형법 92.5점, 민법 95점, 노동법 48점(50점 만점)이었다. 평균 93점이었다. 합격하기에 충분하고도 남는 점수였다. 떨 듯이 기뻤다. 사법시험 2차 시험에 합격했을 때보다 오히려 이때가 가장 기쁜 순간이었던 것 같다.

나중에 합격자 발표가 나고 커트라인이 나왔는데 커트라인이 평균 79.5점 정도 되었다. 당시 1차 시험 합격 등수가 나오지는 않았지만 나중에 고시 신문에 발표된 점수대별 누적 통계를 보니 10등 안에 드는 성적이었다. 한 자릿수 등수 합격이었다. 그때는 매우 기뻤지만 이게 사법시험을 만만하게 본 계기가 되었고, 결과적으로는 수험 기간이 조금 더 늘어난 계기가 되었다.

공부의 강약 조절

최소한의 범위로 강의를 들으라

사법시험을 준비하면서 여러 가지 공부 스타일을 보아왔다. 특히 강의와 관련해서는 '강의를 맹신하는 사람'과 '강의 무용론을 주장하는 사람'을 모두 보았다. 전자는 강의를 반복해서 듣는 것만으로도 충분히 공부가 된다고 생각하는 사람이고, 후자는 혼자서 책을 보면서 고민한다면 대부분 이해할 수 있고, 강의를 통해 얻는 지식은 휘발성 지식이기 때문에 들을 필요가 없다는 사람이었다.

강의를 맹신하는 사람들은 똑같은 과목 강의를 반복해서 듣기만 한다(대체로 복습은 열심히 하지 않는다). 좋은 방법이 아니라고 생각한다. 어디까지나 강의는 자신이 혼자서 이해하는 데 소비되는 시간을 줄이기 위한 보조제 역할을 할 뿐이지 강의 그 자체는 공부가 아니기 때문이다. 따라서 모든 것을 강의를 통해 해결하겠다는 생각은 대단히 잘못된 것이다.

강의를 여러 번 반복해서 듣기만 하면 그 지식이 나의 것이 될 것이라 생각하는데, 큰 오산이다. 강의를 통해 커버할 수 있는 분량이 대단히 한정적이고, '듣기'만을 통해서 자기 것이 되는 지식 역시 극히 일부분이기 때문이다. 충실한 복습 없이 강의만 반복해서 듣는 것은 차라리 강의를 듣지 않는 것만 못하다. 강의를 통해 얻는 지식은 휘발성 지식이기 때문이다. 강의를 들은 후 꼼꼼히 복습해서 그 내용을 자신의 것으로 만드는 과정이 반드시 필요하다.

한편 '강의 무용론'을 주장하는 사람들은 강의를 거의 듣지 않기 때문에 내용을 이해하는 데 걸리는 시간이 더 길다. 불필요한 고집이다. 더 빠르고 편한 길이 있는데 굳이 돌아서 갈 이유는 없다. 내 생각으로는 필요한 최소한의 범위에서 강의를 듣는 것이 꽤 유용한 방법이라고 생각한다. 왜냐하면 혼자서 이해하려고 끙끙거리는 것보다 훨씬 시간을 줄일 수 있기 때문이다. 물론 강의를 듣고 복습을 충실히 한다는 것을 전제로 해서 말이다.

나는 교재에 있는 설명만으로는 책 내용을 충분히 이해하기 어려운 부분이 나왔을 때, 강의를 들으며 강사의 설명을 책 여백에 받아 적어놓았다. 그 내용을 설명하기 위해 강사가 예시로 든 내용까지 포함해서 전부 말이다. 강의를 듣는 기본적인 이유는 책에 나온 설명만으로는 이해가 잘 안되는 부분이 많기 때문이다. 그런데 강의를 듣고 그 시간에 이해만 하고 넘어가면 나중에 시간이 흘러 다시 책을 보게 됐을 때, 그 부분이 왜 그랬던 것인지 기억이 나지 않는다. 그래서 다시 강의를 듣거나 질문을 하거나, 혹은 혼자서 끙끙거리느라 시간을 뺏기기 십상이다. 그래서 나는 강의를 들을 때면 수업 시간에 강사가 말하는 거의 모든 것을 받아 적었다. 일단 다 받아 적고 나서 수업을 마친 후 꼼꼼히 복습하면서 그 내용을 다시 책 해당 부분에 필요한 부분에 한해 정리해두었다. 이렇게 정리를 해놓으면 강의를 반복해서 듣거나 나중에 다시 이해하느라 시간을 소비하는 일이 없게 된다.

나는 사법시험을 공부할 때도 강의를 듣는 것을 그리 좋아하는 편은 아니었지만, 강의 없이 혼자서 책을 이해하는 것은 비효율적이기 때문에 최소한의 범위에서 강의를 들었다. 정리하는 시간 때문에 한 번 강의를 들을 때는 남들보다 두 배 정도 시간이 걸렸지만, 일단 정리가 완료된 이후에는 남들보다 훨씬 빨리 내용을 이해할 수 있게 되었다.

객관식과 주관식: 공부 방법의 차이(저인망식 공부법과 강약 조절법)

시험의 유형은 다양하지만 크게 두 가지로 분류하자면 객관식 시험과 주관식 시험으로 나눌 수 있다. 사법시험은 1차 시험은 객관식, 2차 시험은 주관식으로 시행되고, 사법연수원 시험은 객관식과 주관식을 망라해 출제된다. 여러 가지 유형의 시험을 보면서 느낀 점은 각 시험 유형마다 대응 방법이 조금씩 차이가 있다는 점이다. 객관식 시험을 본다면 객관식 시험에 맞게, 주관식 시험을 본다면 주관식 시험에 맞게 공부하는 것이 효율적으로 공부하는 방법이다.

먼저 객관식 시험은 '저인망식 공부법'이 필요하다. 객관식 시험의 특성상 책 마지막 구석에 붙어 있는 한 문장까지 시험에 출제될 수 있기 때문에 책의 모든 내용을 하나하나 곱씹어 공부하되, 맞는 지문과 틀린 지문을 정확하게 판단할 수 있을 정도까지만 공부하면 된다.

그 과목의 핵심적인 내용은 당연히 중요하지만, 핵심적인 내용이 아니더라도 수험생들이 자주 틀리는 부분이라면 수험적으로 볼 때는 중요한 부분이 된다. 출제자로서는 아무래도 정답률이 낮은 부분을 출제하기 마련이기 때문이다.

오히려 주관식보다 객관식 시험을 공부할 때 세밀한 개념 간의 차이 등 작은 부분까지 정확히 이해하는 데 주안점을 두어야 한다. 수험생들이 헷갈릴 만한 내용을 약간씩 비틀어서 오답을 만드는 경우가 많기 때문이다.

누차 강조하지만, 이해하는 단계에 그쳐서는 시험 칠 때 아무런 도움이 되지 않는다. 객관식 시험공부의 핵심은 계속적 반복을 통해 정오를 빠르게 판단할 수 있도록 훈련하는 것이다. 이해가 기본이지만, 시험공부 측면에서는 단순 암기 사항도 필요하므로 중요한 내용들은 반드시 요약정리를 해야 한다. 대체로 객관식 시험은 시간이 부족하기 때문에 시험장에서 내용을 고민하다가는 시간이 부족하기 쉽다. 평소 어떻게 하면 시험장에서 고민하지 않고 빠르게 정답을 찾아낼 수 있을지 끊임없이 연구해야 한다.

또한 객관식은 문제를 푸는 감각도 굉장히 중요하다. 내가 아는 문제라도 문제를 푸는 감각이 무뎌져 있을 때는 문제를 푸는 데 많은 시간이 소비되고, 정확히 정답을 알지 못하는 문제가 나왔을 때 순간적인 기지를 발휘하지 못한다. 따라서 객관식 시험을 준비하는 경우에는 평소에 충분한 문제 풀이를 통해 문제 푸는 감각을 유지하는 것도 중요한 포인트다.

반면 주관식 시험은 강약 조절이 필요하다. 소위 말하는 A급과 B급, C급, D급으로 단계를 나누어 강약을 조절할 필요가 있다. 중요도는 강의를 통해 익히거나 기출문제를 분석하는 과정에서 알 수 있다(등급 설정도 자신만의 노하우라고 생각한다). 어찌 되었건 A급과 B급 문제가 시험에 나온다면 시험장에서 모든 내용을 쏟아낼 수 있도록 평상시에 완벽히 대비해두어야 한다. 반면에 C급과 D급은 시험에 출제된다면 반드시 들어가야 할 내용을 중심으로 간략하게 정리해둔다. 물론 중요도와 무관하게 모든 내용을 완벽하게 학습한다는 것은 이론적으로는 가능하다. 그러나 대부분 시험은 시간이 한정되어 있고, 인간의 기억력에도 한계가 있기 때문에 최소한을 투자해 최대한을 얻어낼 수 있도록 준비하는 것이 현명하다고 본다.

나는 세 번 만에 사법시험 2차에 합격했다(빨리 합격하는 사람은 대체로 두 번째 2차 시험에서 합격하는 경우가 많다). 여기엔 여러 가지 이유가 있겠지만 내 완벽주의적인 성격이 가장 큰 몫을 했다. 중요도의 구분 없이 모든 내용을 완벽히 이해하고 완벽히 정리해서 완벽히 쓸 수 있어야 한다는 강박관념 때문이었다. 그러나 이는 시간적인 한계와 내 기억력의 한계를 고려하지 않은 만용이었다는 사실을 뒤늦게 깨달았다.

그것이 불가능하다는 사실을 깨닫게 된 시점이 오자 스스로 공부를 포기하기에 이르렀다. 경험 부족이었다. 수험에는 요령이 중요하다는 사실을 실패라는 경험을 통해 깨달은 것이다.

또한 주관식 시험을 준비하는 수험생들이 저지르는 가장 큰 오류는 해당 내용을 전부 암기하려고 덤빈다는 점이다. 이는 대단히 잘못된 접근 방법이다. 내 머리가 아주 평범하다는 전제하에 그리고 시험이라는 관점에서 접근해야 한다. 주관식에서도 일단은 해당 내용의 정확한 이해가 가장 중요한 출발점이다. 이해를 바탕으로 한 정리와 암기 단계로 차례로 나아가야 한다.

7th

일구이무

참으로 중요한 일에 종사하고 있는 사람은 그 생활이 단순하다.
그들은 쓸데없는 일에 마음을 쓸 겨를이 없기 때문이다.

– 톨스토이

일구이무(一球二無): 김성근 감독의 좌우명으로 공 하나에 정신을 집중해 최선을 다하면 무엇이든 이룰 수 있다는 뜻이다. '정신을 집중하면 화살로 바위도 뚫을 수 있다'는 고사에서 유래했다.

전진에는 언제나 위험이 따른다

사법시험 1차 시험은 헌법, 민법, 형법 그리고 선택 과목 한 과목으로 구성되어 있고 객관식 시험인데 반해, 2차 시험은 헌법, 민법, 형법, 민사소송법, 형사소송법, 행정법, 상법으로 구성되어 있고 모두 주관식 시험이다. 1차 시험과 2차 시험에 모두 있는 과목을 '기본 3법(민법, 형법, 헌법)'이라고 부르고, 2차 시험에만 있는 과목을 '후 4법'(민사소송법, 형사소송법, 행정법, 상법)이라고 부른다.

나는 1차 시험을 공부할 때는 오직 1차 시험 합격만을 목표로 공부했기 때문에 후 4법은 공부할 기회가 없었다. 혼자 공부하는 것보다는 강의를 듣는 것이 좋을 것 같아 신림동에 있는 고시 학원에서 강의를 들었다. 1차 시험에 합격하면 2차 시험에 응시할 기회를 두 번 주는데, 첫 번째 2차 시험에 합격하는 것을 '동차 합격'이라고 한다. 1차 시험에 합격하기 전에 2차 공부를 미리 해놓은 경우가 아니라면 동차 합격은 사실상 불가능해서 나는 기본적인 것부터 차분히 공부했다. 6월에 있을 2차 시험에 합격하는 것을 목표로 한 것이 아니어서 아무래도 마음에 여유가 있었다.

학원 강의를 들으면서 복습만 따라가는 것을 목표로 했다. 2차 시험 기간은 마침 월드컵 기간이었는데 시험 전날 밤에 축구를 보다가 시험을 치러 가기도 했다. 1차에 합격한 그해 보았던 2차 시험에는 당연히 불합격이었고, 시험을 친 이후부터 다음 해 있을 2차 시험에 대비하여 본격적으로 공부를 시작했다.

같은 학원에 다니던 휘운이 형과 성훈이, 정환이, 나 이렇게 네 명이 스터디를 짜서 같이 식사도 하고 학원도 다녔다. 7월초부터 본격적으로 공부를 시작했는데 꽤 열심히 공부했다. 학원 진도가 매우 빡빡하게 진행되었고 생소한 내용이었기 때문에 복습만은 밀리지 않고 하자는 목표를 세우고 하루하루 충실히 보냈다.

아침에 7시 반쯤 일어나서 8시에 시작하는 학원 강의를 들었다. 12시쯤 수업이 끝나면 점심을 먹고 밤늦은 시간까지 그날 배운 내용을 복습했다. 자정 무렵에 독서실에서 나와 집에 들어오면 잠들기 전까지 미진한 부분들을 공부하고 새벽 1~2시쯤 잠을 자는 일상을 4개월 정도 반복했다. 항상 독서실 안에서 생활했기 때문에 한여름의 더위도 느끼지 못할 정도였다.

그런데 하루하루 열심히 공부하던 와중에 슬럼프가 닥쳤다. 가장 중요한 원인은 불면증이었다. 나는 원래 잠을 잘 잔다. 머리만 대면 곧바로 잠에 빠질 정도로 숙면을 취하는 편이다.

11월 초쯤 되었을까? 공부를 마치고 잠을 자려고 누웠는데 아무리 잠을 자려고 해도 잠이 오지 않았다. 머리가 차가워야 잠이 잘 오는데 머릿속에 너무 많은 내용을 우격다짐으로 집어넣다 보니 잠을 자려고 누워도 머리가 뜨거웠다.

이날 이후로 불을 끄고 누운 지 두세 시간이 지나도록 잠을 이루지 못하는 날이 많아졌다. 아침에 학원 수업이 있어서 8시까지는 학원에 가야 했다. 그런데 새벽 3~4시가 넘도록 잠이 오지 않아서 몇 시간 자지도 못하고 학원에 가는 날들이 잦아졌다. 오히려 잠을 자야 한다는 강박관념이 생기자 잠이 더 오지 않았다. 눈을 감고 자리에 누우면 그 상태로 밖이 환해질 때까지 깨어 있었다. 엄청나게 스트레스를 받았다. 머리를 감으면 머리카락이 한 뭉텅이씩 빠질 정도였다.

온종일 정신이 멍했다. 완전히 공황 상태에 빠졌다. 학원에 나가지 않기 시작했다. 전화기를 꺼놓고 스터디에도 무단으로 불참했다. 지금 생각해보면 그때는 마음이 너무 조급했다. 사실 몇 주 공부를 하지 못했더라도 잠시 쉰 다음에 정신을 차리고 열심히 하면 충분히 합격할 수 있었을 것이다. 하지만 그렇게 이성적으로 생각하기엔 이렇다 할 경험도 없었고 누군가 조언해주는 사람도 없었다. 오롯이 나 혼자 겪어야 했던 시행착오였다. 독서실에도 나가지 않고 PC방과 만화방을 전전했다.

어떤 날은 만화방에서 열 시간 이상씩 시간을 보내기도 했다. 그렇게 한 달 가까이 흘렀다. 무언가 걷잡을 수 없게 되어버린 느낌이었다. 사실 이때라도 정신을 차렸다면 이듬해 시험에 합격하는 데에는 지장이 없었을 테지만, 그 당시에는 이미 합격은 물 건너갔다는 생각이 들었다. 거의 폐인 같은 생활을 했다. 책은 한 자도 보지 않았다. 대인기피증이 생겨서 낮에는 거의 방에만 틀어박혀 있다가 사람들을 피해 밤에만 돌아다녔다. 지금 생각해보면 무언가에 홀린 듯한 기분이었다. 왜 그렇게 행동했는지 나도 잘 이해가 되지 않는다.

하루하루가 너무 괴로웠다. 머릿속이 제정신으로 돌아오는 게 너무 고통스러웠다. 걷잡을 수 없이 흐트러진 내 모습이 너무 부끄러웠다. 어디서부터 수습해야 할지 몰랐다. 사실 그때부터라도 공부를 해야 했지만 이성적인 판단이 되지 않았다. 빨리 2차 시험일이 지나갔으면 좋겠다는 생각뿐이었다. 그렇게 무려 6개월 이상 허송세월을 하다가 2차 시험일을 맞았다. 시험은 당연히 불합격. 작년에 처음 보았던 2차 시험보다도 좋지 않은 성적이었다. 그럴 수밖에 없었다. 공부를 전혀 하지 않았으니.

불합격 통보를 받고도 별다른 느낌이 없었다. 1차 시험 합격으로 얻은 두 차례 2차 시험 기회를 그렇게 허무하게 날려버렸다. 잔인하게도 모든 것은 다시 원점으로 돌아갔다. 2년이 넘는 세월 동안 나는 도대체 무엇을 했단 말인가? 사법시험을 그만둘 생각마저 했다. 뭔가 이상했다. 다시 공부를 시작하려 해도 책상에 앉아 있을 수가 없었다. 그렇게 하루하루 보냈다. 무의미한 나날이었다. 이듬해 있었던 사법시험 1차에도 떨어졌다. 공부를 거의 하지 않았기 때문에 당연한 결과였다. 사법시험 1차 시험에 상위권 등수로 당당히 합격했던 내가 1년 만에 바닥으로 고꾸라졌다.

참 괴로운 기억이고, 현명하지 못한 행동들이었지만 지금 돌이켜 보면 인생에 있어 아주 좋은 경험이었다고 생각한다. 스스로 실패와 방황을 겪어보았고, 그 행동에 대한 대가가 어떠한 것인지 뼛속 깊이 깨달았기 때문이다. 포기란 그 자체로 모든 것이 끝이다.

책상 위에서 치열하게 버텨라

1년 넘게 방황했다. 시험에 합격하고 불합격하고의 문제가 아니라 책상에 앉아 있는 것 자체가 너무 괴로웠다. 지금도 그때 왜 그랬는지 정말 이해할 수 없지만 그땐 그랬다. 결국 사법시험 공부를 포기하기로 했다. 여기까지가 내 한계라고 생각했다. 야구를 포기하던 날이 생각났다.

부모님과 상의했다. 부모님만 동의하시면 짐을 싸서 이 바닥을 떠날 생각이었다. 그런데 부모님께서는 마지막이라고 생각하고 딱 한 번만 더 준비해보라고 하셨다. 그 말을 듣고 또다시 고민에 빠졌다. 공부를 계속할 것인가 아니면 그만둘 것인가, 다시 시작하면 합격할 수 있을 것인가…….

며칠을 고민하다가 결론을 내렸다. 사법시험을 처음 준비한다고 생각하고 딱 1년만 더 공부해보기로 했다. 2009년에 있을 사법시험 1차와 2차에 동차로 합격하는 것을 목표로 하고 학교 고시반에 들어가서 다시 공부를 시작했다.

모든 것을 내려놓고 처음 시작한다는 마음으로 공부했다. 왠지 마음이 편했다. 그동안의 망나니짓에 대한 벌이라고 생각하고 딱 죽지 않을 만큼만 열심히 했다. 포스트잇에 '나태함, 그 순간은 달콤하나 결과는 비참하다'라는 글귀를 써서 고시반 내 책상에 붙여놓았다. 2차 시험 기간 동안 전혀 공부하지 않았던 2차 시험 과목들을 그제야 공부하고 나서 여름부터 1차 시험 준비를 했다. 마지막 1년이라고 생각했다. 잠들어 있는 시간 이외에는 오로지 공부만을 생각했다. 걸어 다닐 때도 공부했던 내용을 계속 복습하면서 다녔다. 공부 시간을 최대한 확보해놓고 공부하니 공부가 다시 재미있어졌다. 시험에 대한 생각은 잊고 오직 공부 그 자체에만 몰두했다.

1학기 때는 학교에 복학해서 주로 2차 시험 과목 위주로 수업을 들었다. 민사소송법 수업을 들을 때였다. 민사소송법 교수님은 실무를 하다가 학교로 온 지 얼마 되지 않아서 열정이 넘치셨다. 교수님이 워낙 열정적인 데다 강의도 잘하셔서 제일 앞자리에 앉아서 열심히 수업을 들었고, 질문도 자주 했다.

어느 날 수업을 마치고 고시반으로 올라가던 엘리베이터 안에서 우연히 교수님과 마주하게 되었다. 몇 가지 질문을 하던 중 내가 사법시험 2차에 떨어지고 다시 1차 시험을 준비한다는 사실을 알게 된 교수님이 한마디를 건네셨다. "시간의 길고 짧음에는 차이가 있겠지만, 포기만 하지 않는다면 누구나 합격할 수 있다. 끝까지 최선을 다해라"라는 취지의 말씀이었다. 연이은 낙방으로 좌절하고 힘들어하던 나는 그 한마디에 큰 위안을 얻었고, 희망을 되찾았다. "포기만 하지 말자"라고 스스로 거듭 다짐했다.

그렇게 1학기가 지나가고, 여름방학에는 후배들과 기본 3법이라고 불리는 헌법, 민법, 형법 사례 스터디팀을 짜서 스터디를 진행했다. 그해 여름에는 마침 베이징 올림픽이 한창이었는데, 우리나라 야구 국가대표팀이 금메달을 딴 해였다. 나는 그동안의 방황에 대한 벌이라고 생각하고 야구도 보지 않기로 마음먹었다. 하지만 학교 중앙도서관에서 공부하고 있으면, 휴게실에서 야구 중계를 보는 학생들이 지르는 탄성이 도서관 안까지 생생하게 들렸다. 야구 중계를 보지 않기로 다짐했으면서도 탄성 소리가 들리면 공부를 하다가 벌떡 일어나 휴게실로 달려가는 일이 빈번했다. 야구 중계를 처음부터 보지는 않았지만 그렇게 공부를 하다가 휴게실로 달려 갔다가를 반복하면서 결국엔 결승전까지 다 보고 말았다. 틈틈이 야구중계를 보면서도 스터디 준비를 게을리하지 않았고, 무더위 속에서도 꿋꿋하게 공부를 해나갔다.

2학기에 들어서면서부터는 학교를 다시 휴학하고 본격적으로 1차 시험 준비에 들어갔다. 그동안 2차 시험 준비를 하느라 소홀히 했던 1차 시험 과목들을 공부해야 했기에 마음이 조급했고, 이번에는 반드시 붙어야 한다는 강박관념이 있었지만 방황하지 않고 열심히 공

■■■■ 2009학년도 후기 인하대학교 법과대학 학위 수여식에서

부에 매진했다.

그렇게 1년이 흐르고 2009년 2월에 있는 사법시험 1차에 응시했다. 떨어질 것이라는 생각은 들지 않았다. 한 번 1차 시험에 합격한 경험이 있어서인지 시험장에서 여유도 있었고, 어느 정도 공부를 하면 어느 정도 점수를 받겠다는 것도 대강 예측이 가능했다. 시험 당일 집에 와서 채점을 해보니 예상 커트라인보다 꽤 여유 있는 점수였다. 채점을 마친 그 순간부터 3일을 내내 앓았다. 1년 동안 달려오며 긴장했던 마음이 풀어져서였다.

사법시험을 공부하면서 여기저기 참 많이 돌아다녔다.

학교 고시반에서도 공부했고, 신림동에서도 공부했다.

포천에 있는 고시원에서 한 달 정도 마무리 공부를 한 적도 있다.

가끔은 고시촌에서 벗어나 시골에서 공부하는 것도 괜찮은 방법인 것 같다.

포천에 있는 고시원에서 마무리 공부를 한 후 1차에 합격한 경험이 있기 때문에

산속에 있는 고시원들에 대한 이미지가 좋아졌다.

인터넷으로 서울 근교에 있는 고시원을 찾아보다가

경기도 남양주시 끝자락에 있는 고시원을 발견했다. 곧바로 자리를 옮겼다.

포천에 있는 고시원에 들어갈 때는 친구 종국이와 함께였는데, 이번에는 혼자 갔다.

고시원에서 100미터 정도 올라가면 전원주택이 한 채 있었다.

그곳 주인이 '푸우'라는 시베리언 허스키 한 마리를 키우고 있어서

점심을 먹고 나면 산책도 할 겸 자주 올라가서 강아지와 놀곤 했다.

고시원에 들어간 지 한 2주 정도 되었을 때였다. 새벽 2시쯤 되었을까?

방에서 공부하고 있었는데, 문밖에서 갑자기 '철그덕'하고

쇠가 시멘트 바닥에 긁히는 소리가 났다.

처음에는 귀찮아서 그냥 공부하고 있었는데, 점점 소리가 커졌다.

무슨 일인가 싶어서 문을 살짝 열어보았는데,

갑자기 어둠 속에서 곰같이 큰 무언가가 나를 덮쳤다.

순간 기겁해서 정신 줄을 놓을 뻔했다.

알고 보니 전원주택에서 키우는 '푸우'였다.

이놈이 힘이 하도 좋아서 땅에 박아둔 말뚝을 뽑고 탈출한 것이다.

고시원으로 내려와서 부근을 배회하고 있던 중이었다.

'푸우'를 잡아서 전원주택으로 올라갔다.

집주인 할아버지가 굉장히 고마워하셨다.

그날 이후로 할아버지는 나를 '미스터 리'라고 부르시며

매일같이 커피를 타서 주시곤 했다.

가끔은 한 잔 먹고 가서 한숨 푹 자고 나면 공부가 잘된다고 술도 주셨는데,

그때 자주 주신 술이 잣으로 담근 소주였다.

지금도 그 맛과 향을 잊지 못한다.

미래는 꿈꾸는 자의 것

2009년 2월 1차 시험을 마치고 딱 3일을 쉰 후 동차 합격을 목표로 공부를 시작했다. 곧이어 1차 합격자 발표가 났고, 예상대로 합격했다. 기본 3법은 1차 시험을 준비하면서 충분히 준비가 되었다고 판단을 하고, 2차 시험 직전까지 후 4법(민사소송법, 형사소송법, 상법, 행정법) 위주로 공부를 했다. 공부를 하고 있던 도중 2차 시험 장소가 중앙대학교로 결정되었다. 드디어 4일간의 2차 시험이 시작되었다. 긴장하면서 하루하루 시험을 쳤는데, 3일째 시험을 치르고 나서는 '마지막 날만 잘 마무리하면 합격할 수도 있겠다'는 생각이 들었다.

2차 시험을 본 후에는 학교에 복학했다. 혹시 이번에 불합격하더라도 2차 시험 기회가 한 번 더 남아 있었기 때문에 학교를 다니면서 불합격할 가능성에 대비해 공부했다. 발표를 기다리면서도 상법에서 20점짜리 단문을 제대로 쓰지 못한 것이 내내 마음에 걸렸다. 과락이 걱정되었다. 물론 합격자 발표가 난 후 상법 점수를 확인해보고는 이러한 걱정이 기우였음을 알게 되었지만, 적어도 발표가 나기 전까지는 가장 걱정되는 과목이었다.

시간은 흘러 드디어 합격자 발표일이 다가왔다. 그때는 학교 기숙사에서 생활하고 있었다. 세 번째 본 2차 시험이었지만 그 전에 본 2차 시험은 제대로 공부를 하지 않았기 때문에 실질적으로는 처음으로 합격을 기대하면서 맞이하는 발표일이었다. 어디서 결과를 봐야 할까 고민했다.

아침에 일찍 일어나서 음악을 들으면서 학교 교정을 걸어 다녔다. 이윽고 발표 시간이 다가왔다. 도저히 스스로 명단을 확인할 용기는 나지 않았다. 학교 건물 뒤편 한적한 곳에 혼자 앉아 있었다. 휴대전화를 껐다. 그렇게 시간이 흘렀다. '합격이라면 휴대전화를 켰을 때 축하 메시지가 와 있을 것이고, 불합격이라면 아무런 메시지도 오지 않았겠지'라고 생각했다. 한참을 휴대전화를 켤지 말지 고민하다가 휴대전화 전원 버튼을 눌렀다.

'뚜⋯⋯' 하고 휴대전화가 켜졌다. 휴대전화를 켠 지 1분이 다 되어가도록 아무런 메시지도 오지 않았다. 지금 생각해보면 1분이 아니라 몇 십 초에 불과했을지도 모른다. 하지만 그 당시엔 그렇게 긴 시간처럼 느껴졌다. '아, 불합격이구나' 하는 생각이 드는 순간 문자메시지 몇 개가 한꺼번에 도착했다. 우석이한테 온 메시지였다. '종훈아, 우리 같이 합격했어.' 대단히 기뻤다기보다는 안도의 한숨이 나왔다.

내 눈으로 확인해보고 싶었다. 컴퓨터실로 뛰어갔다. 합격자 명단을 봤다. 혹시 동명이인은 아닐까? 숨죽이며 수험번호를 확인했다. 다행히 내가 맞았다. 부모님께 먼저 전화를 드렸다. 왠지 효도를 한 기분이었다. 전화가 쏟아졌다. 같이 생활했던 고시반 선후배들에게 전화가 왔다. 지금 어디에 있느냐고. 전화를 받고 고시반으로 향했다. 고시반 앞에서 많은 선후배가 진심 어린 축하를 해주었다. 정말 고마웠다. '아, 그래도 내가 고시반 생활을 제대로 했구나.' 그런 생각이 들었다. 지금 다시 생각해봐도 가슴 떨리고 기쁜 순간이었다.

사법시험 2차에 합격하고 3차 면접시험은 12월에 사법연수원에서 있었다. 보통 3차 면접시험은 형식적으로 이루어지는 편이었는데, 내가 합격하기 몇 해 전부터 면접시험이 강화되어 면접에서 떨어지는 사람도 종종 나왔다. 또한 3차 면접에서도 법률적 지식을 테스트하기도 하므로 2차 시험 합격자 발표 이후에 3차 면접 준비를 따로 하기도 한다. 사실 실질적으로 합격 여부를 가리는 2차 시험 합격자 발표 이후에는 공부가 잘 안되기 때문에 대부분 마음속으로는 일말의 불안감을 가지고 있으면서도 신나게 노느라 정신이 없다. 나 역시도 마찬가지였다.

드디어 3차 면접시험 날이 밝아와 아침 일찍 일산으로 출발했다. 처음 와보는 사법연수원이라 그런지 기분이 묘했다. 왠지 설레기도 하고, 앞으로의 생활이 기대되기도 하고, 눈앞에 닥친 면접시험이 걱정되기도 했다. 오전에는 15명 정도씩 조를 짜서 한 가지 주제를 두고 집단토론을 했다. 우리 팀의 주제는 '양심적 병역거부'였는데 사법시험을 준비하면서 많이 다루어보았던 주제였다. 보통은 15명이 한 번 내지 두 번 정도 발표하게 된다. 생각 정리를 마치고 가장 먼저 손을 들었다. 아무래도 가장 먼저 발표를 하는 것이 다른 사람 의견과 겹치지 않고 좋을 것 같았기 때문이다. 긴장이 되었지만 매도 먼저 맞는 게 낫다고 일단 발표를 하고 나니 마음이 편해졌다.

오후에는 개별 면접 시간이었다. 다섯 명씩 조를 짜서 한 명 씩 면접장으로 들어갔다. 보통은 5~10분 정도 시간이 소요되었다. 이윽고 내 차례가 되어 면접장으로 들어갔다. 면접위원은 교수님 한 분, 판사님 한 분, 검사님 한 분 이렇게 세 분으로 구성된다. 가운데 앉아 계신 분이 교수님 같았다. 왠지 느낌이 그랬다. 법조인들을 만나보면 인상만으로 직업이 판단되는 경우가 많다. 왼쪽에 앉은 분은 눈매가 날카로운 게 검사님 같았다.

긴장을 많이 하고 들어갔는데, 가운데 앉은 면접관님이 웃으면서 너무 긴장하지 말고 편하게 답하라고 말해주셔서 마음이 한결 편해진 느낌이었다. 질문은 어렵지 않았다. "대학교수가 자동차를 운전하다가 사람을 치어서 상해를 입혔다. 이 상황에서 문제될 수 있는 법률적 쟁점을 말해보라"였는데, 민사법적 관점(자동차손해배상보장법에 따른 손해배상책임), 형사법적 관점(교통사고 처리특례법에 의한 형사처벌 가부)에 입각해서 답변했고, 추가로 경우에 따라서는 대학에서 징계처분을 받을 여지도 있다는 취지로 답변을 했다. 나는 말하는 속도가 조금 빠른 편이고, 대답을 곧잘 해서인지 금방 면접이 끝났다.

　3차 면접 탈락자는 심층 면접으로 가게 되는데 면접을 본 후 두세 시간 뒤에 심층 면접자를 발표했다. 따뜻하게 입고 간다고 갔는데 발표를 기다리면서 왜 그리 춥던지……. 일산에 처음 온 그날부터 일산의 추위를 온몸으로 체험하게 되었다. 다행히 심층 면접자로는 분류되지 않았고, 드디어 최종 합격의 영광을 누릴 수 있었다.

⚾ 영원한 삼진 아웃은 없다

야구선수를 할 때에는 아무리 열심히 해도 실력이 늘지 않아 마음 고생이 심했다. 이것이 야구를 그만둔 원인 중 하나이기도 하다. 반면 야구를 그만둔 후 공부를 하면서 가장 좋았던 점은 공부는 항상 내가 투자한 만큼의 결과물을 내게 안겨주었다는 것이다. 이것이 성취욕이 강한 나를 자극했다. 내가 투자한 시간에 비례해서 결과가 돌아온다는 것이 굉장히 좋았다. 공정하다고 느껴졌다.

사법시험을 준비하고 사법연수원에서 공부하면서 가장 좋았던 것도 '공정성'이었다. 사법시험을 보는 데 다른 자격은 필요 없다. 그 사람이 그동안 얼마나 공부를 잘했는지 못했는지 묻지 않는다. 고졸이든 전문대졸이든 아무런 상관이 없다. 오로지 모든 응시자에게 동일하게 주어진 시험으로 당락이 결정된다. 출발점이 같다. 얼마나 공정한가? 이것이 사법시험의 매력이라고 생각한다.

10대와 20대 초반에 공부를 못했거나 열심히 하지 않았다고 해서 평생 '공부 못하는 사람'으로 살아야 하는 사회가 아니라, 그 누구든 최소한 동일한 출발점에서 다시 한 번 도약할 수 있는 기회가 주어지는 사회, '패자부활전'이 존재하는 사회가 건강한 사회다. 과거에 한 노력들을 부정하지는 않되, 과거에 노력을 하지 않았던 사람이라도 지금부터 열심히 하면 '역전의 기회'가 주어지는 사회, 그런 사회가 건강한 사회다.

전교 755명 중 750등. 공부라고는 제대로 해본 적이 없었던 야구선수 출신. 그런 사람이라도 열심히 노력하면 합격할 수 있는 시험. 그런 사법시험이 이제 없어진다. 개인적으로는 아쉬움이 크다.

초등학교 시절 야구를 좋아해서 부모님이 등록해주신 학원을 빠져가면서 학교 운동장에서 매일 야구를 했다. 그러다 부모님께 들켜서 혼도 많이 났지만 아버지는 그런 나를 보시곤 일부러 야구부가 있는 학교로 전학까지 보내시면서 야구를 할 수 있도록 해주셨다.

그토록 좋아하던 야구를 시작했지만 학년이 점점 올라갈수록 나는 야구를 그리 잘하지 못했다. 자존심이 센 나 역시 스트레스를 많이 받았지만, 부모님은 오죽했을까. 야구 시합이 열리는 날이면 부모님들이 경기장에 오셔서 시합을 구경했는데, 나는 시합에 나가더라도 그리 잘하지 못하거나 벤치를 지키기 일쑤였다.

부모님도 참 답답한 마음이셨을 텐데 야구를 하는 동안에는 내가 야구를 잘하고 못하고의 문제에 대해선 단 한 번도 말씀하신 적이 없다. 항상 "결과보다는 과정이 중요하다"고 말씀하시면서 "결과는 사람의 힘으로 어쩔 수 없는 것이니 사람이 할 수 있는 데까지만 최선을 다하면 된다"는 이야기를 많이 해주셨다. 야구를 그만두는 그 시점에도 아버지는 "최종적인 결정은 네가 하되, 만약에 네가 야구를 계속하겠다는 결정을 내린다면 끝까지 지원해주겠다"고 말씀하셨다. 아버지는 항상 나를 이끌어주셨고, 어머니는 항상 조용히 뒤에서 응원해주셨다.

야구를 그만두고 공부를 할 때도 항상 조용히 응원해주셨고, 사법시험 2차에 낙방한 후 연이어 1차에 낙방하고 사법시험을 포기하려 했을 때도 힘을 주시며 다시 한 번 일어설 수 있도록 든든하게 지원해주셨다. 사법시험에 합격했을 때는 누구보다 부모님이 가장 기뻐하셨다.

공부를 시작하고, 대학에 입학하고, 사법시험에 합격하기까지 모든 것이 내 힘으로 이루어졌다고 생각했던 적도 있다. 하지만 돌이켜보면 모든 게 다 부모님의 뒷받침 덕분이었다. 부모님이 아니었다면 나는 지금의 모습으로 성장할 수 없었을 것이다. 항상 감사하고 또 감사하다.

암기의 비법

암기 비법 1: 단어 단위로 쪼개서 기억하라

　모든 공부의 첫걸음은 이해다. 이해 없이는 내용을 정리할 수 없으며, 이해와 정리가 없는 암기는 사상누각에 불과하다. 일단 내용 전체를 충분히 이해하는 것이 1단계다. 이러한 이해 단계를 거친 이후에는 정리 단계 그리고 암기 단계로 넘어간다. 누차 강조하지만 이해와 정리가 되어 있다면 암기는 문제도 아니다.

　여기서 가장 중요한 사실은 사람의 두뇌는 '단어' 단위는 기억하기 쉽지만, 이를 넘어서는 '문장' 단위는 기억하기 어렵다는 점이다. 따라서 충분한 이해를 바탕으로 '단어 단위로 축약한 정리'만 되어 있으면 암기는 특별히 어려운 문제가 아니라는 것이다. 특히 주관식 시험에서 문장 전체를 통째로 암기하겠다고 덤비는 사람도 있는데 실제로 이것은 불가능하다. 그 문장의 핵심적인 키워드를 정리하여 암기하고, 그 키워드를 중심으로 연결해나가는 방식으로 공부해야 한다.

실제로 아무리 긴 문장이라도 핵심 키워드만 정확히 암기하고 있으면 얼마든지 그 문장과 비슷한 내용을 이야기하거나, 답안지에 써낼 수 있다. 이러한 요령 없이 단순히 문장 전체를 수백 번 읽는다고 해서 그 내용이 외워지는 것도 아닐뿐더러, 많은 시간을 투자해서 암기하더라도 금방 머릿속에서 사라진다. 예를 들어보자.

아래는 목격자의 진술 신빙성을 탄핵하는 방법으로서 목격자가 피고인을 범인으로 지목하는 과정에서 지켜야 할 범인식별절차에 관한 판례 내용이다(대법원 2001. 2. 9. 선고 2000도4946 판결, 대법원 2008. 7. 10. 선고 2006도2520 판결).

"용의자의 인상착의 등에 의한 범인식별절차에 있어 용의자 한 사람을 단독으로 목격자와 대질시키거나 용의자의 사진 한 장만을 목격자에게 제시하여 범인 여부를 확인하게 하는 것은 사람의 기억력의 한계 및 부정확성과 구체적인 상황하에서 용의자나 그 사진상의 인물이 범인으로 의심받고 있다는 무의식적 암시를 목격자에게 줄 수 있는 가능성으로 인하여, 그러한 방식에 의한 범인식별절차에서의 목격자 진술은 그 용의자가 종전에 피해자와 안면이 있는 사람이라든가 피해자의 진술 이외에도 그 용의자를 범인으로 의심할 만한

다른 정황이 존재한다든가 하는 등의 부가적인 사정이 없는 한 그 신빙성이 낮다.

따라서 범인식별절차에서 피해자 진술의 신빙성을 높게 평가할 수 있게 하려면 범인의 인상착의 등에 관한 목격자의 진술 내지 묘사를 사전에 상세히 기록화한 다음, 용의자를 포함하여 그와 인상착의가 비슷한 여러 사람을 동시에 목격자와 대면시켜 범인을 지목하도록 하여야 하고, 용의자와 목격자 및 비교 대상자들이 상호 사전에 접촉하지 못하도록 하여야 하며, 사후에 증거 가치를 평가할 수 있도록 대질 과정과 결과를 문자와 사진 등으로 서면화하는 등의 조치를 취하여야 한다."

이러한 문장이 있을 때 우선 위 내용을 충분히 이해하려고 노력한 후 정리 단계로 들어간다. 정리 단계에서는 위 내용의 핵심 키워드를 찾아내는 것이 가장 중요하다(이것은 결국 이해를 전제로 한다). 즉, 문장 전체가 아니라 그 문장의 핵심이 되는 단어를 뽑아내 연결 고리를 만드는 것이다.

첫째 단락에서 키워드는 ① 기억력 한계, 부정확성 ② 무의식적 암시 ③ 종전 안면, 의심 정황 이 세 가지다. 둘째 단락에서 핵심 키워드는 ① 사전에 인상착의 상세 기록 ② 여러 사람 동시대면 ③ 사전 접촉 방지 ④ 대질 결과 사후 서면화 이 네 가지다. 전체적 내용에 대한 충분한 이해만 되어 있다면, 이 핵심 단어들을 자신이 이해한 내용대로 연결시켜 문장 전부를 재생해낼 수 있다.

여기서 더 나아간다면, 수험에 적합한 암기를 할 수도 있다. 위의 일곱 가지 정리된 항목을 첫머리 글자만 따서 암기하는 것이다. 앞 글자가 싫으면 그 단어의 가장 핵심적인 한 글자를 떼서 만들 수도 있다. 즉, 위의 일곱 가지 항목 중에서 가장 핵심이 되는 한 글자씩을 따면, '기암안정-사동접서'라는 문구가 된다. 결국엔 구체적인 내용을 추상화하는 방법으로 정리하고, 그렇게 추상화된 내용을 다시 구체화하는 과정을 반복하면서 공부하는 셈이다.

즉, 글자 단위 암기(기암안정-사동접서), 단어 단위 암기(① 기억력 한계, 부정확성 ② 무의식적 암시 ③ 종전 안면, 의심 정황 ④ 사전에 인상착의 상세 기록 ⑤ 여러 사람 동시대면 ⑥ 사전 접촉 방지 ⑦ 대질 결과 사후 서면화), 문장 단위 암기(예시문 전부)의 순서로 문장을 만들어보는 연습을 한 후 다시 반대로 예시문 전부에서 단어 단위로, 마지막으로 글자 단위로 추상화하는 연습을 몇 번 거치면 그 자체로 충분한 공부가 되고 그 과정에서 자연스레 암기가 되는 것이다.

암기 비법 2: 비슷하거나 반대되는 것은 함께 정리하라

또 한 가지 암기 비법은 반대되거나 유사한 것들을 모두 모아서 한꺼번에 정리한 후 암기하는 것이다. 암기 비법과 관련한 서적들을 읽다보면 '연관 사고'를 강조하는 내용이 많다. 어떠한 내용을 기억할 때 그 내용과 연관된 것들을 함께 떠올리면 암기하기 쉽다는 것이다.

뒤죽박죽 정리되어 있지 않은 내용은 기억하기 어렵지만, 차곡차곡 정리된 내용은 암기하기가 훨씬 수월하다. 공부를 하다보면, 예전에 앞에서 공부한 내용과 비슷하거나 반대되는 내용이 나오기 마련이다. 이럴 때 열에 아홉은 예전에 공부했던 내용을 다시 찾아보지 않는다. 귀찮기 때문이다. 하지만 바로 이 부분이 출제 포인트다. 유사하거나 반대되는 내용은 객관식이든 주관식이든 수험생을 현혹하기 좋은 내용이기 때문에 출제자로서는 선호할 수밖에 없다. 따라서 수험생으로서는 이런 내용이 나오면 반드시 앞의 내용과 함께 정리해두어야 한다. 특히 이렇게 비슷비슷한 내용을 한군데 묶어서 정리해놓으면 정리하는 과정에서 자연스레 암기도 된다.

이렇게 이해와 정리만 잘되어 있다면 90퍼센트 이상 공부가 끝난 것이다. 암기는 정리된 내용을 몇 차례 반복하면 자동으로 된다. 논리적으로 정리된 내용들은 머릿속 서랍에 차곡차곡 쌓여 오랫동안 기억에 남는다. 이해와 정리가 되지 않은 상태에서 무작정 외우려고만 하면 비슷하거나 반대되는 내용이 머릿속에서 뒤죽박죽 뒤엉켜서 외우더라도 금방 잊어버리고 잘못된 내용으로 기억하기 쉽다. 반드시 함께 정리한 후 한곳에 비교, 정리해놓고 반복해서 봐야 한다. 그럼으로써 암기는 자연스레 되도록 공부하자.

우리가 흔히 아는 동요 중에 〈원숭이 엉덩이는 빨개〉가 있다. 이 노래 역시 연관 사고와 관련된 노래다. 원숭이 엉덩이가 빨갛다는 기본 지식을 전제로 끊임없이 다음 단어로 나아갈 수 있어 기억하기가 쉽다.

"원숭이 엉덩이는 빨개. 빨가면 사과. 사과는 맛있어. 맛있으면 바나나. 바나나는 길어. 길면 기차. 기차는 빨라. 빠르면 비행기. 비행기는 높아. 높으면 백두산……."

영어 단어를 암기할 때 유사어와 반대어를 함께 정리하는 것도 이와 같은 원리다. 예컨대 'reject'라는 단어를 암기한다고 했을 때는 이와 유사한 의미인 'refuse', 'decline', 'turn down' 등을 함께 정리하는 것이다. 수능시험을 준비할 때도 이런 방법으로 공부했다. 아는 영어 단어가 거의 없었기 때문에 모르는 단어가 나오면, 사전을 들고 그 단어의 명사형, 형용사형, 부사형을 함께 찾아서 공부하고, 그와 유사한 의미의 단어와 반대되는 단어를 찾아 함께 정리해두었다. 위의 예에서는 반대되는 의미인 'accept', 'receive', 'adopt'를 찾아 정리하고, 여기서 더 나아가 스펠링이 비슷한 'decline'과 'incline'을 함께 정리해두었다. 또 'adopt'와 유사한 'adapt'도 정리하는 식으로 비슷한 단어를 끊임없이 연관 지어 한곳에 정리해놓고 외웠다. 이런 학습법은 비단 영어 단어를 암기하는 경우에 한정되는 것이 아니라 모든 영역으로 확장할 수 있다.

암기 비법 3: 무식한 출제자에게는 무식하게 대응하자

예를 들어보자. 만약 '노트북, 사과, 테니스 라켓, 수박, 야구공, 짜장면, 프린터, 전자레인지, 글러브, 과자, 세탁기, 탁구 라켓'이라는 단어를 기억한다고 할 때 이 단어들을 무작정 차례대로 암기한다면 암기하기도 쉽지 않을뿐더러 암기를 했더라도 금방 잊어버린다. 이럴 때는 일단 단어를 카테고리별로 구분하여 정리한다. 아래와 같이 정리만 되면, 무작정 외우는 것보다 훨씬 암기가 수월해진다.

1. 음식 = 수박, 사과, 과자, 짜장면
2. 가전제품 = 노트북, 프린터, 전자레인지, 세탁기
3. 스포츠 용품 = 테니스 라켓, 야구공, 글러브, 탁구 라켓

시험에는 가끔 위의 단어들을 암기하는 것과 유사하게 극단적으로 암기력을 테스트하는 문제가 출제되기도 한다. 이런 단순 암기 문제는 시험에 나와서는 안 되지만(이해력과 사고력의 테스트가 아니라 단순 암기 문제이므로) 출제자로서는 문제를 내기가 쉬워 변별력을 높이는 차원에서 출제하는 경우가 가끔 있다. 수험생으로서는 '설마 이런 단순 무식한 문제가 출제되지는 않겠지'라고 생각하면서도 불안한 마음에 공부할 수밖에 없다. 또 학교 시험공부를 한다거나 고득점을 노리는 수험생이라면 그냥 넘어가기도 애매하다. 게다가 막상 공부해보면 무언가 사고력을 요구하는 것도 아니고 단순한 암기 사항에 불과해서 잘 외워지지도 않는다. '중요하지 않으면서 외워지지도 않고 공부하려면 시간만 많이 뺏기는, 그러나 빼먹고 넘어가기에는 찝찝한' 최악의 파트가 되어버린다.

이럴 때 나는 아주 간단하게 정리하고 넘어갔다. 무식한 문제에는 무식하게 대응하는 방법이다. 예컨대 이 예에서 수박, 사과, 과자, 짜장면은 '수사과장'으로, 노트북, 프린터, 전자레인지, 세탁기는 '노프

(높은) 전세'로 정리해서 암기하면 된다. 이런 방법을 '두문자 따기'라고 하는데 무식한 문제가 출제되는 경우에 효과적으로 대응할 수 있다. 마지막 스포츠 용품은 두문자 따기가 쉽지 않은데 이럴 때는 다시 세분하여 '야구 용품(야구공, 글러브)과 테니스 용품(탁구가 테이블 테니스이므로)'으로 기억하면 된다. 이 경우 '야구 용품과 테니스 용품을 좋아하는 수사과장은 높은 전셋집에서 산다'라는 문장까지 만들어낼 수 있다.

단순 무식한 문제에는 단순 무식하게 대응하자. 책을 볼 때마다 마음에 걸려서 그냥 넘어가지도 못하고 그렇다고 열심히 공부하는 것도 아닌 부분은 위에서 본 것처럼 간단하게 정리한 후 그다음부터는 혹여나 출제될 경우를 대비하여 최소한만 공부하면 된다. 다만 본말이 전도돼서는 안 된다. 이해로 충분한 것을 이해가 잘 안된다는 핑계로 무작정 암기해버리는 것은 최악이다. 이 방법을 쓰는 것은 최소한의 경우에 한정해야 한다.

8th

꿈으로 물고기를
낚는 사람들

나의 경우, 경기는 잠에서 깨는 순간부터 시작된다.

– 레지 잭슨, 전 오클랜드 애슬레틱스 · 뉴욕 양키스 · 캘리포니아 에인절스 외야수

꿈에 그리던 사법연수원에 입소할 때의 감격을 잊지 못한다. '말로만 듣던 사법연수원에 내가 입소하다니!' 일산에 있는 사법연수원 후문 앞에서 사법연수원을 바라보았을 때의 가슴 벅찬 심정이란 말로 표현하기 어려울 정도였다. 사법시험에 합격했을 때는 무언가 '끝났다'는 느낌이 있었지만, 사법연수원 앞에 서니 다시 '새로운 시작'이라는 느낌이 들었다.

　사법연수원 건물은 생각보다 깨끗한 편이었다. 사법연수원은 2002년까지는 서초동에 있다가 2002년 일산으로 옮기게 되었는데, 그때 새로 지은 건물들이라 꽤 깨끗했다. 조경도 상당히 잘되어 있어서 연수원에 다니는 내내 마음에 들었다.

우리 기수는 약 830명 정도 되었는데, 각 반은 보통 60여 명으로 구성되고, 다시 세 조로 나뉘었다. 입소식 첫날 미리 정해진 12반 강의실로 향했다. 어떤 사람들과 같은 반이 되었을까? 마치 초등학생이 새학기가 되어 설레는 마음으로 같은 반 학생을 만날 때와 비슷했던 것 같다. 반과 조가 정해지면 2년간 함께 생활하게 되는데, 낯선 사람들이 모이다보니 학기 초의 분위기는 마치 다시 한 번 대학교 신입생 때로 돌아간 느낌이었다. 대학교 신입생 시절보다는 훨씬 수업이 빡빡하지만, 나머지 시간을 적절히 활용하면 서로 가까워질 기회가 많았다.

사법연수원 생활은 전반적으로 재미있었다. 빡빡한 수업이 힘들기도 했으나, 미래가 불투명했던 고시 생활에 비할 바가 아니었다. 사법시험을 준비할 때는 학문적인 내용에 치우쳐 있었다면, 사법연수원에서는 좀더 실무적인 내용을 배우게 되어 흥미로웠다. 새로운 사람들과 친해지는 재미도 있었다.

사법연수원에 입소하면서 나름 결심을 했다. 공부와 인간관계, 이 두 마리 토끼를 다 잡아보자고. 그러기 위해서 다른 시간을 줄여보려 노력했다. 고시 공부할 때부터 일과 중에 인터넷 서핑을 하면서 무의미하게 보내는 시간이 꽤 되었는데, 그 시간을 줄이기로 결심했다. 연수원 생활을 하는 동안에는 오피스텔 방에 인터넷을 연결하지 않았다. 공부를 마치고 집에 들어오면 방에 침대와 책상만이 덩그러니 놓여 있었지만, 인터넷이 연결되지 않은 불편은 조금 지내다보니 금방 익숙해졌다.

사법연수원 1년차 4월 서울중앙지방법원에서 교수님, 조원들과 함께

체육대회와 엠티의 추억

사법연수원에 입소한 후 첫 1학기 때 치르는 가장 큰 행사가 있다면 체육대회다. 낮에는 수업이 빡빡하게 진행되고 수업이 끝난 이후에는 체육대회 예선 행사가 진행된다. 체육대회를 통해 친해질 기회를 가지라는 것이 행사의 가장 큰 취지다.

우리 반은 전년도와 전전년도 체육대회 우승 반이었다. 그 전통을 이어가기 위해 체육대회 준비를 열심히 했다. 우리 반에는 운동을 잘하는 사람들도 꽤 많아서 기대를 모았다. 하지만 아쉽게도 3위에 그치고 말았다.

체육대회가 끝나고 나면 1학기 시험이 50~60일 앞으로 다가 오기 때문에 다들 본격적으로 공부 모드에 돌입한다. 그동안 잦았던 회식도 눈에 띄게 줄어들고, 이제는 체육대회 예선을 준비할 필요도 없기 때문에 공식적인 행사도 줄어든다.

체육대회의 꽃은 뒤풀이다. 체육대회가 끝난 이후에는 시험을 마칠 때까지 다들 열공 모드에 돌입하기 때문에 체육대회 뒤풀이는 공식적으로 놀 수 있는 마지막 날이라고 해서 거창하게 진행하는 경우가 많다.

보통은 1차로 저녁 회식을 마치고 2차에서 술을 마시는데, 체육대회 뒤풀이를 나이트클럽에서 하는 경우도 꽤 많았다. 우리 반도 일산에서 가장 큰 나이트클럽에서 뒤풀이를 하게 되었다. 체육대회 날에는 반마다 반 티셔츠를 맞추는데, 운동복 비슷한 티셔츠를 입은 60명이나 되는 사람들이 나이트클럽을 누비고 있으면, 다른 손님들이 신기한 눈으로 우리를 바라보곤 했다. 사법연수원에서 많은 추억을 만들었지만, 체육대회 행사야말로 가장 기억에 남는 추억 중 하나가 아닐까 싶다.

또 하나 잊을 수 없는 추억은 엠티다. 사법연수원에 입소해서 반과 조가 정해지면, 가장 먼저 조별로 조장을 뽑고 조원들은 총무를 하나씩 맡는다. 조마다 각종 총무가 있는데, 공통으로 있는 총무들은 회계 총무, 회식 총무, 과제 총무, 연락 총무 등이다. 아무래도 20명 단위로 함께 움직이다보니 여러 가지 해야 할 일들이 많아 조원들이 하나씩 분담해서 맡는 것이다. 조금 특색 있는 총무 자리도 있다. 생일 총무나 사진 총무가 그것이다. 조에 따라서는 오락 총무나 심지어 싸이(월드) 총무까지 등장할 때도 있다. 가장 힘든 총무 자리는 과제 총무와 회계 총무인데, 보통은 각 조의 막내들이 맡게 되는 경우가 많다. 나는 엠티 총무를 맡게 되었다.

엠티는 연수원에 입소해서 한 번, 그리고 각 학기 시험이 끝나자마자 한 번씩 간다. 엠티 총무는 평상시에는 별로 할 일이 없다가 시험이 임박해서 엠티 코스를 짜야 하는 귀찮음이 있다. 아무래도 시험 직후에 엠티를 떠나야 해서 시험 기간에 틈틈이 일정을 짜야 한다.

연수원에서 갔던 엠티 중에서는 1학기 시험을 마치고 강원도로 다녀온 첫 번째 엠티가 가장 기억에 남는다. 강원도 영월에 있는 동강에서 래프팅을 하고, 산악오토바이도 탔다. 밤에는 별마로 천문대에서 별을 보았는데, 그때 천문대에서 내려다보았던 영월 시내의 야경이 아직도 기억에 생생하다. 이튿날은 강원도 속초로 이동해서 배를 타고 바다낚시를 하기도 했다.

사법연수원은 시험 기간이 꽤 길어서 시험이 끝나면 아픈 사람도 나오고 체력적으로 힘들어하는 사람도 많다. 나는 시험 기간 내내 힘들어하다가도 시험만 끝나면 힘이 솟아나는 스타일이라 엠티 일정을 지나치게 빡빡하게 짜놓았다. 재미도 있었지만 힘들어하는 조원들도 있었다. 첫 번째 엠티 이후 내가 짠 엠티는 모두 '스파르타 엠티'가 되었다.

제주도로 떠난 사법연수원 수학여행 중 교수님, 조원들과 함께(위)
내가 속한 12반 A조 조원들과 함께(아래)

꿈으로 물고기를 낚는 사람들

사법연수원생은 5급 별정직 공무원이다. 따라서 평상시에 수업을 들을 때는 정장을 갖춰 입고 출근해야 한다. 신림동에서 공부할 때는 매일 추리닝에 슬리퍼 차림으로 공부하다가 정장을 입고 공부를 하려니 처음에는 영 불편하고 어색했다.

사법연수원의 수업은 오전 10시에 시작된다. 그렇다고 해서 사법연수생들의 일과가 오전 10시에 시작되는 것은 아니다. 대부분 그보다 훨씬 이른 시간에 독서실에 나가 공부를 시작한다. 사법연수원 과정은 공부해야 할 양도 워낙 많고 공부 이외에도 여러 가지 행사들이 진행되기 때문에 오히려 사법시험 준비를 할 때보다 공부 시간을 확보하기가 어렵다. 그래서 다들 시간을 쪼개 남는 시간에 공부하는 방법으로 부족한 공부량을 채웠다. 나는 출근 한두 시간 전에 독서실에 나가 공부한 후 출근하곤 했다.

수업은 그날그날 시간표에 따라 차이가 있는데 1년차 1학기 수업 일정은 굉장히 빡빡하다. 거의 온종일 수업이 있는 경우가 많고 수업 진도도 엄청나게 빠르다. 수업이 끝난 이후에는 회식이나 체육대회 준비 등으로 시간 내기가 빠듯하다. 일정을 모두 마치고 집에 돌아오면 늦은 밤이 되는 경우도 많았다. 복습이 한 번 밀리게 되면 걷잡을 수 없어서 졸린 눈을 부릅뜨고 꾸역꾸역 앉아서 그날 배운 내용을 복습했다. 어떤 날은 회식에서 술을 마시고 와서도 그날 수업 내용을 복습했다. 물론 복습을 마치지 못할 때가 대부분이었기 때문에 다음 날 출근시간 전에 일찍 일어나서 공부하거나 점심시간을 이용해 나머지 공부를 했다.

사법연수생들은 보통 연수원 근처에 있는 사설 독서실에 다니거나 연수원 안에 있는 도서관 또는 강의실에 남아서 공부를 한다. 간혹 집에서 혼자 공부를 하는 엄청난 의지력의 소유자들도 있다. 스터디팀을 짜서 함께 공부하기도 하는데 혼자서 공부할 때는 자신만의 오류에 빠지기도 하지만, 함께 공부하면 서로 오류를 바로잡아줄 수도 있고 서로 자극이 된다는 장점이 있다.

나는 강의실에 남아서 공부를 하는 '강의실파'였다. 힘든 사법연수원 과정이었지만 혼자가 아니라 함께여서 버텨낼 수 있었던 것 같다. 사람마다 자신만의 공부 스타일이 있다. 사람들과 함께 모여서 공부를 하면 스트레스를 받는 사람도 있고 나처럼 동료와 함께 공부

사법연수원 졸업 사진 찍던 날 조원들과 함께

하는 것을 선호하는 사람도 있다. 공부를 해가면서 자신이 어떤 스타일인지 빨리 파악하는 것도 중요하다. 꼭 어느 방법이 옳고 그르다는 것이 아니라 자기 공부 스타일 문제다.

사법연수원에서의 생활은 단순히 공부만 잘하는 사람을 요구하는 것은 아니다. 연수원 내에 각종 모임이나 행사들도 많아서 사람들과의 교류도 중요하다. 대부분은 각종 행사에도 빠지지 않고 좋은 교우관계를 유지해가며 동시에 시간을 쪼개 공부한다. 고시 공부를 할 때는 외부와 단절하고 오로지 공부에만 매달리는 경우가 많았는데 연수원 생활을 하면서는 공부 이외의 다른 것들과도 적절히 시간 안배를 하는 법을 배우게 되었다.

사법연수생들은 다들 공부를 잘한다. 어렸을 때부터 쭉 공부를 잘해왔던 사람들로 가득하다. 워낙 쟁쟁한 사람들끼리 경쟁하는 구조라서 스트레스를 받는 경우도 꽤 있다. 그래서인지 처음 사법연수원에 입소했을 때는 왠지 모르게 위축되는 느낌도 있었다. 어린 시절부터 쭉 공부를 잘해왔던 친구들이 대부분이기 때문에 본인이 인지하고 있든 그렇지 못하든 간에 자신만의 공부 노하우가 있다. 그런 사람들이 모여 마치 공부 경시대회를 치르듯 2년간 다들 치열하게 공부한다.

⚾ 사법연수원의 시험

사법연수원에서는 1학기, 2학기, 3학기에 걸쳐 세 번 시험을 본다. 사법연수원에 입소하기 전에 선배들에게 들은 이야기가 있다. "인간이 테스트할 수 있는 모든 유형의 시험 문제가 나온다"는 말이었다. 1학기 시험은 약 2주간 진행되었는데, 정말 다양한 형태의 문제가 출제된다. OX 문제로 시작해서 객관식 문제, 맞는 답을 모두 고르되 잘못된 답을 기재했을 때 감점하는 문제, 약술형 문제, 사례형 문제, 문제를 주고 정답과 근거를 기재하는 문제, 문장을 주고 문장 중간에 괄호를 쳐둔 후 괄호 안의 내용을 기재하는 문제 등 정말 다양한 형태의 문제가 출제되었다.

사법연수원 시험의 꽃이라 불리는 2학기 시험은 약 2주간 기록형

시험으로 치러지는데, 실제 사건과 유사한 기록을 만들어 민사재판실무와 형사재판실무는 판결문을, 검찰실무는 공소장과 불기소장을, 민사변호사실무와 형사변호사실무는 각각 소장과 변호인의견서 등을 작성하는 문제가 출제된다.

다른 과목들도 많이 있지만 가장 중요한 과목인 민사재판실무, 형사재판실무, 검찰실무, 민사변호사실무, 형사변호사실무 과목의 시험 시간은 짧게는 다섯 시간이고 길게는 일곱 시간 반이다. 예전에는 여덟 시간씩 매일 시험을 보았다고 하는데, 내가 사법연수원에 입소하기 몇 해 전에 시험을 보던 연수생 한 명이 숨지는 불행한 사건이 발생하여 시험을 격일로 치르게 되었고, 시험 시간도 종전보다는 조금 줄어들게 되었다고 한다.

시험을 치르기 전에는 과연 다섯 시간에서 일곱 시간 동안 지치지 않고 시험을 볼 수 있겠느냐는 의문이 들었지만, 막상 시험장에 들어가면 시간이 부족해서 일곱 시간쯤이야 눈 깜짝할 새에 지나갔다. 다들 점심도 거른 채 원숭이들처럼 바나나와 초콜릿 바로 허기를 달래며 시험을 보는데, 엄청난 집중력 때문인지 사실 시험을 보는 동안에는 별로 배가 고프다는 생각조차 들지 않는다.

사법연수원에서는 1년차 2학기 시험이 가장 중요하다. 특히 로펌 입사를 꿈꾼다면 더더욱 2학기 시험이 중요하다. 대형 로펌에서는 1년차 성적만으로 입사 여부를 결정하는 경우가 대부분인데, 1학기 시험은 비중이 15퍼센트밖에 되지 않지만 2학기 시험은 75퍼센트나 되기 때문이다(나머지 10퍼센트는 지도교수 평가 점수다). 따라서 1학기 시험을 잘 보지 못했더라도 2학기 시험만 잘 보면 1학기 때의 성적을 대부분 만회할 수 있다.

그래서인지 사법연수생들 대부분은 2학기 시험을 철저히 준비하느라 스트레스를 많이 받는다. 2학기 시험 첫날은 검찰실무 과목이었다. 오전에 두 시간짜리 시험을 하나 보고, 한 시간 동안 식사를 한 후 오후에 다섯 시간짜리 시험을 보기 때문에 당일 컨디션이 굉장히 중요하다. 시험 전날 잠을 충분히 자두는 것도 한 방법이 된다.

나는 시험 보기 전날 공부를 마치고 새벽 2시쯤 잠을 자려고 누웠는데, 잠이 오지 않았다. 잠을 자야 한다는 강박관념을 가지기 시작하니까 더더욱 잠이 오지 않았다. 한참을 누워 있다 시계를 보니 새벽 4시. 계속 잠을 청했지만 잠이 오지 않았다. 거의 날이 다 밝아서야 잠깐 눈을 붙일 수 있었다. 점심은 대부분 거르거나 바나나 한 개 혹은 초콜릿 바 하나로 저녁때까지 버티기 때문에 아침은 꼭 먹어야 한다. 근처 식당에서 정신이 하나도 없는 상태에서 급하게 아침을 먹었다. 아침을 먹고 시험장에 도착했는데 급체를 했는지 속이 너무 안 좋아서 먹었던 걸 다 게워냈다.

시험 첫날부터 곤욕이었다. 긴장감과 스트레스가 원인이었다. 다행히 다음 날부터는 정상 페이스를 찾아 2주간에 걸친 시험을 무사히 마무리할 수 있었다.

사람의 적응력은 정말 대단하다. 사법시험 1차 시험은 객관식으로 하루에 네 과목을 모두 본다. 예전에는 오지선다형 문제가 전부였지만, 내가 시험을 볼 때에는 팔지선다형 문제가 추가되었다. 사법시험

1차 시험을 치를 때는 하루 동안 보는 시험도 힘이 들었다. 2차 시험은 더 힘들었다. 나흘 동안 일곱 과목을 주관식으로 본다. 그런데 사법연수원에서는 그것보다 많은 과목을 격일로 약 2주에 걸쳐 시험을 본다. 그것도 객관식과 주관식 등 모든 출제 유형을 망라해서 말이다. 사법시험 1차 시험을 볼 때는 나흘 동안 치르는 2차 시험에서 버틸 수 있을지 걱정이 되었지만 막상 2차 시험이 닥치자 또 그렇게 버텨냈다. 사법연수원 시험 또한 그렇게 정신없이 하루하루 버티다 보니 결국엔 끝이 났다.

사법연수원 시험은 시험 기간만 2주 정도 되기 때문에 본격적으로 시험 준비 모드에 들어간 시간까지 포함해 50~ 60일 정도의 길고 긴 시간을 긴장한 채 보내야 한다. 한참을 꾸역꾸역 참으면서 공부하는데도 아직 시험 기간은 시작되지도 않았다. 길고 힘들고 지루한 시간이었다.

하지만 막상 시험 기간에 들어서면 시간은 빨리 간다. 시험 시간이 워낙 길어서 시험을 보고 나면 거의 하루가 지나가기 때문이다. 이렇게 힘든 과정을 통해서 비로소 법조인으로 거듭나게 된다.

정리법

다양한 색은 두뇌를 자극한다

나는 공부를 하면서 책에 밑줄을 많이 긋는 편이다. 내 책은 한두 번만 보더라도 금세 너덜너덜해진다. 밑줄과 온갖 필기들이 가득하기 때문이다. 반면 책에 밑줄 하나 없이 깨끗하게 보는 사람들도 있다. 어떤 방법이 더 좋고 나쁜가의 문제는 아니고 공부하는 습관의 문제인 듯하다. 하지만 밑줄을 긋는 것은 여러 가지 장점이 있다. 핵심 단어에 밑줄을 그어둠으로써 다음번에 책을 읽을 때 읽는 속도를 높일 수 있고, 핵심 단어에 밑줄로 포인트를 줌으로써 시각적 효과를 극대화할 수 있다.

밑줄도 한 가지 색이 아니라 울긋불긋 여러 가지 색을 사용해 긋는 편이 좋다. 시각적인 효과도 공부하는 데 한몫을 한다. 따라서 밑줄을 그을 때는 한 가지 색으로 단조롭게 긋는 것보다 여러 가지 색으로 교차해서 그었을 때 시각적 효과를 극대화할 수 있고, 기억에도 오래 남는다.

실제로 이런 경험도 있다. 사법시험 2차 시험을 볼 때 약술 문제가 출제되었는데, 내용이 잘 기억이 나지 않아 한참을 고민하고 있었다. 그때 불현듯 머릿속에 책의 어느 부분에 어떤 색으로 밑줄이 그어져 있다는 게 떠올랐고, 그 내용을 적어 넣을 수 있었다. 이것이 과학적인 근거가 있는지는 명확하지는 않지만, 예전에 공부 방법론 관련 글을 읽다가 한 가지 색보다는 여러 가지 색이 두뇌를 자극한다는 글을 본 적이 있다. 그 이후에는 항상 책에 여러 가지 색으로 밑줄을 긋는 것이 습관이 되어버렸다.

나는 어떤 책을 처음 공부할 때는 연필로 밑줄을 긋는다. 처음에는 아직 내용에 대한 장악력이 부족해서 섣불리 볼펜으로 밑줄을 그어놓으면 나중에 지울 방법이 없기 때문이다. 이후 다시 책을 읽을 때 볼펜으로 밑줄을 긋는다. 이때 만약 중요하지 않은 부분에 연필로 밑줄이 그어져 있으면 지우개로 깔끔하게 지운 다음 다시 밑줄을 긋는다.

마지막으로 볼펜으로 밑줄을 그어놓은 부분 중에서 더 강조해야 할 부분은 형광펜으로 표시해둔다. 또 밑줄을 그을 때에는 색깔별로 주제를 정해서 긋는다. 예를 들어 법조문과 중요 개념들은 파란색으로, 판례는 초록색으로, 통설과 다수설은 빨간색으로, 소수설은 노란색으로 밑줄을 긋는다. 이렇게 밑줄을 그어놓으면 나중에 판례만 선별해서 읽고 싶을 때는 초록색만 따라서 쭉 읽어보면 된다. 이렇게 밑줄을 그어놓으면 주제와 중요도를 한눈에 파악할 수 있다.

서브 노트 만들기

주관식 시험에서는 서브 노트를 작성하는 것도 한 방법이다. 나는 2차 시험 일곱 과목 중에서 서브 노트를 만든 과목이 민사소송법과 상법이었는데, 이 두 과목이 점수가 가장 잘 나온 과목이었다. 서브 노트는 만드는 시기가 가장 중요하다. 너무 빨리 만들면 교과서의 내용을 그대로 다시 한 번 옮겨 적는 것에 지나지 않는다. 반대로 너무 늦게 만든다면 이미 다 알고 있는 내용을 다시 적어보는 것에 그친다. 이해가 충분히 되고 그 과목을 전체적으로 꿰뚫게 되었으나, 아직은 정리와 암기가 부족한 단계에서 서브 노트를 만드는 것이 좋다.

서브 노트를 만들 때의 가장 큰 단점은 시간이 오래 걸린다는 점이다. 게다가 눈으로 읽는 것보다 체력 소모가 엄청나게 크다. 또 서브 노트를 만들 때 빠진 부분이 시험에 나온다면 돌이킬 수 없는 타격을 받게 된다. 반면 장점은 일단 서브 노트를 만들어놓으면 짧은 시간 안에 한 과목을 반복할 수 있기 때문에 시험이 다가올수록 안정감을 갖게 된다는 점이다. 또한 서브 노트를 만드는 과정이 단순히 교과서 내용을 요약하는 것이 아니라, 자기가 이해한 방식대로 머릿속을 한 번 거쳐서 손으로 내용을 적어보는 것이기 때문에 그 과정에서도 많은 공부가 된다. 아울러 서브 노트를 만드는 과정에서 그동안 이해되지 않았던 내용이 이해되기도 한다. 제대로 이해하지 못했다면 요약하기도 어렵기 마련이다.

특히 주관식으로 출제되는 학교 시험이라면 서브 노트의 위력은 정말 막강하다. 범위가 한정되어 있기 때문에 서브 노트만 일단 만들어놓으면 그 이후에는 서브 노트만 계속 반복하여 보면 되기 때문에 시간 절약도 되고, 암기하기도 쉬워져서 짧은 시간 동안 많은 내용을 시험지에 적어 넣을 수 있다.

서브 노트를 만드는 방법을 선택할 경우 가장 주의해야 할 점은, 본말이 전도되지 않도록 해야 한다는 것이다. 해당 부분을 먼저 공부한 후, 그 내용을 정리하면서 노트에 요약을 해보는 순서로 서브 노트를 만들어야지(즉, 서브 노트를 만드는 것 자체가 공부가 되도록 해야 한다), 본말이 전도되어 서브 노트를 만드는 것 그 자체가 목적이 되어서는 절대 안 된다. 서브 노트는 예쁘게 만들 필요 없이 본인이 다시 알아볼 수 있을 정도로만 만들면 충분하고, 그 내용도 아주 핵심적인 사항만 간단히 정리하면 충분하다. 서브 노트 만드는 것 그 자체에 너무 많은 시간을 투자하지 말라는 의미다.

분량을 한정하고, 계속 반복하라

어떤 사람들은 공부하면서 여러 가지 교재를 본다. 강약 없이 여러 가지 책을 보다가 시험이 임박해서까지 책을 손에서 놓지 못한다. 불안한 마음에 이 책 저 책을 왔다 갔다 하면서 갈피를 잡지 못하고 공부한다. 이렇게 공부를 하면 아무리 공부량이 많아도 결코 좋은 성적을 받을 수 없다. 왜냐하면 똑같은 과목을 공부하더라도 한 저자의 책 한 권을 세 번 반복하는 것이 다른 저자의 책 세 권을 한 번씩 보는 것보다 훨씬 효율적이고 기억에도 오래 남기 때문이다.

책 한 권을 수없이 반복해서 공부하다보면 어떤 내용을 떠올릴 때 그 책의 몇 페이지쯤 어느 위치에 그 내용이 있고, 거기에는 어떤 색으로 밑줄이 그어져 있는지까지 기억이 난다. 여러 가지 교재를 기웃거리는 것보다 분량을 한정하여 책 한 권을 무한 반복하는 것이 훨씬 좋다.

나 역시 책 욕심이 많은 편이다. 한 과목을 공부하면서 여러 가지 참고 자료를 본다. 하지만 주 교재 한 권을 정한 이상 다른 교재나 자료들은 어디까지나 주 교재를 이해하기 위한 참고 자료에 불과하다. 주 교재에 미흡한 부분이 있거나 이해가 잘 안되는 부분에 한해 다른 책들을 참고하고, 주 교재의 이해에 필요한 한도 내에서 그 부분을 발췌하여 주 교재에 옮겨놓고 참고 자료는 더 보지 않는다.

욕심을 부리지 말자. 시험공부 측면에서 필요한 한도 내에서 분량을 한정하고 계속 반복하자. 지금 아무리 많은 양을 공부하고 이해했다고 해도 그 내용이 시험장에서까지 기억난다는 보장은 전혀 없다. 시험장에서 그 내용을 내 머릿속에 얼마나 빨리 떠올릴 수 있는가가 수험의 요체다. 과연 내가 이것을 시험장에서 짧은 시간 안에 기억해낼 수 있을지를 항상 염두에 두고 전략적으로 공부해야 한다. 시험이 임박했을 때 반복할 수 있도록 교재는 한 권만 선택해서 충분히 이해하고 곱씹는 방법이 최선이다.

9th

공부는 9회말 투아웃이다

아, 야구 몰라요.

― 하일성, 전 스포츠 해설가

⚾ 승부근성

　나는 승부욕이 강한 편이다. 지는 걸 싫어한다. 공부도 승부가 걸려 있는 이상 이기는 게 좋다. 야구를 하면서 생긴 승부욕이다. 야구를 하면서 끈기와 근성을 몸에 익혔다. 아마추어 야구이긴 하지만 엄연한 승부이고 일단 승부가 걸린 이상 정당한 규칙의 범위 내에서는 승리해야만 한다. 그래서 감독님과 코치님은 훈련 중에도 항상 정신력과 승부근성을 강조했다.

　체력훈련을 할 때도 팀을 나누어 승리한 팀에게는 휴식이, 진 팀에게는 추가 체력훈련이 기다리고 있었다. 때문에 일단 무조건 이겨야 했다. 그렇게 배웠고 그게 익숙해졌다. 승부가 걸린 달리기 시합을 하면 숨이 턱까지 차오르고 다리에 힘이 풀려도 끝까지 달려야 했다. 달콤한 휴식이라는 당근을 얻기 위해 반드시 이겨야 하기도 했고, 한편으로는 나 하나 때문에 우리 팀 전체에 피해를 줄 수는 없었기 때문이었다.

하다못해 여가 시간에 편을 나누어 축구 시합을 하더라도 이긴 팀은 곧바로 숙소로 들어가 휴식을 취하고 진 팀은 남아서 추가 운동과 운동장 정리를 하는 등 승부에 대한 보상과 벌이 항상 뒤따랐다. 야구선수 생활을 하면서, 일단 이겨야겠다고 마음먹은 이상 정해진 규칙 안에서는 반드시 승리해야 하는 악바리 기질을 자연스럽게 체득했다. 이것이 밑바닥에서부터 공부해 현재에 이르게 된 원동력이 되었다.

어린 시절 야구를 했던 것이 큰 핸디캡이 되는 때도 있지만, 승부 근성이야말로 야구를 하지 않았다면 가지지 못했을 나의 장점이 되었다.

⚾ JUST142

　내가 사법연수원에서 야구를 할 수 있으리라고는 상상조차 해본 적이 없었다. 그런데 사법연수원에 들어가서 놀란 것은 의외로 야구를 좋아하는 사람이 많다는 것이었다. 사법연수생 중에는 사회인 야구팀에 소속되어 있는 친구도 있었다. 1년차 2학기 어느 날 수업 시간 중간에 쉬는 시간이었다. 1층 벤치 근처에서 반 사람들과 노닥거리고 있는데, 한 친구가 다가와서 말을 건넸다.

　"이종훈 씨 맞죠? 저희 반이랑 야구 시합 한번 해요."

　5반에 김창훈이라는 친구였다. 나는 전혀 모르고 있었는데 5반과 6반에서는 이미 야구팀을 만들어 시합하고 있었다. 내가 야구선수 출신이라는 것을 안 창훈이가 우리 반과의 시합을 추진한 것이다.

공부는 9회 말 투아웃이다

JUSTI42 멤버들과 함께

우리 반은 유니폼도 없고 장비도 없었는데, 사법연수원에 입소하기 전부터 사회인 야구팀에 소속되어 있었던 진철이, 현일이가 장비를 빌려왔다. 그렇게 해서 정식 유니폼을 갖춘 5반과 마치 오합지졸 외인구단처럼 각양각색 추리닝을 입은 우리 반의 시합이 이루어졌다. 나는 선수 출신이기 때문에 투수를 할 수 없었지만, 우리 반이 약팀이라는 것을 고려해 1이닝만 던지는 것을 조건으로 시합을 하게 되었다. 결과는 우리 반의 한 점 차 석패. 이것을 시작으로 6반과 연습경기도 하게 되었고, 3학기 시험까지 모두 마친 이후에는 네 개 반을 모아서 리그전을 하기에 이르렀다.

　사회인 야구를 하는 사람 중에는 야구 장비를 갖추는 것에 큰 의

미를 두는 사람이 많지만, 나는 야구를 계속해서 그런지 장비에는
크게 관심이 없었다. 그래서인지는 모르겠지만, 우리 반은 연수원
리그가 시작된 이후에도 다른 반과는 달리 여전히 유니폼 없이 각양
각색의 추리닝을 휘날리며 시합을 했다.

우승 상금은 50만 원. 약체로 평가되었던 우리 반은 예상을 뒤엎
고 전승으로 우승하게 되었다. 덕분에 우승 상금 50만 원과 교수님
들의 축하금까지 받게 되었다. 동훈이 형, 성훈이 형, 용찬이, 현일
이, 준영이, 건웅이, 진철이, 진기, 재욱이, 한철이까지 운동 신경이
좋은 친구들이 많아서 그런지 야구를 거의 처음 해보는 사람들이 꽤
있었음에도, 시합을 하면 할수록 실력이 금방 늘었다.

사법연수원 자체 리그전을 마친 후 야구를 좋아하는 친구들끼리

의기투합해 사법연수원 단일팀을 만들어 사회인리그에 참가하기로 했다. 팀 이름은 'JUSTI42', 정의를 뜻하는 'JUSTICE'와 사법연수원 42기를 뜻하는 '42'를 섞어서 팀 이름을 만든 것이다.

연수원에서 야구팀을 만들어 야구시합을 하면서 좋았던 것은 야구 그 자체도 재미가 있었지만, 다양한 사람들과 교류하면서 인간미 넘치는 친구들을 많이 만나게 된 것이었다. 운동을 좋아하는 사람들의 공통점이랄까. 한 명 한 명 모두 열거할 수는 없지만 JUSTI42의 멤버들은 다들 인간미 넘치는 매력적인 사람들이다. 처음 만났을 때의 서먹함도 같이 운동을 한 번 하고 나면 금세 사라지고 빨리 친해질 수 있다는 점이 야구의 매력이 아닌가 싶다.

김앤장 법률사무소에 입사하다

사법연수원 2년차의 2월경이 되면, 1년차에 봤던 1, 2학기 시험의 결과가 나온다. 이때쯤이면 상위 6~7개의 로펌들은 사법연수원생들에 대한 리쿠르팅을 시작하고, 사법연수원생들은 그에 맞추어 로펌에 입사지원서를 제출하기 시작한다. 대형 로펌에서 소위 말하는 '입도선매'를 시작하는 것이다.

내가 사법연수원 1년차를 마치고 진로를 결정할 무렵에는 법조일원화 제도(변호사로서 일정한 경험이 있는 사람 가운데서 판사를 뽑는 제도)가 시행되면서 사법연수원에서 곧바로 판사에 지원하는 것은 불가능했기 때문에 자연스럽게 변호사로서 일을 시작하게 되었다. 나는 사법연수원 1년차 성적이 좋은 편이었고, 1년차 성적을 받고 나서 상위

로펌 다섯 군데에 입사지원서를 제출했다.

입사지원서를 제출하면서 혼자 걱정했던 것은 '학벌'이었다. 사법연수원 성적은 괜찮았지만, 학벌 때문에 채용되지 못하는 것은 아닐까라는 걱정을 했었다. 하지만 이내 기우였다는 것을 알게 되었다. 감사하게도 입사지원서를 제출했던 로펌 모두에서 순차적으로 면접 연락을 받았기 때문이다.

여러 곳의 로펌에서 면접 연락을 받았지만, 나는 기왕 변호사를 한다면 김앤장에서 시작하고 싶었다. 김앤장에서 면접 연락을 받은 후 한 차례 면접을 보았고, 곧 확정적인 채용 제의를 받게 되었다. 그렇게 변호사로서의 삶이 시작되었다.

두근두근 떨리는 마음으로 시작하게 된 변호사 생활. 시작부터 쉽지는 않았다. 사법연수원에서 많은 것을 배웠다고 생각했지만, 막상 실무에 나오니 부족한 것 투성이었다.

신입 변호사가 처음부터 핵심 업무를 바로 담당하는 경우는 거의 없다. 보통은 선배 변호사의 업무를 보조하는 일부터 시작하고, 그 과정에서 업무를 조금씩 익히게 된다. 이후 조금씩 중요한 업무들을 맡게 된다.

로펌에서 신입 변호사의 역할은 보통 이런 것이다. '회의에 참석하여 회의록을 작성하는 것', '복잡한 사실관계를 정리하는 것', '특정한 쟁점에 대한 법령, 판례, 학설, 외국입법례 등을 리서치하는 것'

등이다. 법정에 나가 멋있게 변론을 하는 것도 기대하기 어렵다. 선배 변호사와 함께 법정에 출석해서 선배 변호사가 변론하는 내용을 열심히 메모해 두는 것이 신입 변호사의 임무다.

주로 간단한 사건들이긴 하지만 의견서나 법원에 제출하는 각종 서면의 초안을 작성하기도 한다. 이런 때에도 신입 변호사가 단독으로 의견서 등을 작성하는 것은 아니고, 사전에 해당 사건의 담당 변호사들이 모여 의견서 등의 작성 방향에 대해 논의를 한 후 구체적인 작성 방향이 결정되면 이를 토대로 의견서 등을 작성한다. 이후 의견서 등의 초안을 중간 연차의 변호사가 1차로 검토를 하고, 그 후에는 가장 연차가 높은 변호사가 최종 검토하여 고객에게 보내는 순서로 업무가 진행된다.

신입 변호사가 의견서 등의 초안을 작성하여 선배 변호사에게 납품을 하면, 선배 변호사가 그 의견서의 내용을 거의 다 수정하여 처음 작성하였던 의견서의 내용은 찾아보기 어렵게 되는 경우도 종종 있다. 처음에는 좌절을 하기도 하지만, 그 과정에서 자연스레 도제식 교육이 이루어진다.

연차가 쌓여감에 따라 초안이 수정되는 일은 점차 줄어들게 되는데, 연차가 조금 더 쌓이면 오히려 후배 변호사가 작성한 초안을 수정하는 경우도 생긴다. 올챙이가 개구리가 되어 가듯이 그렇게 변호사로서 성장하게 된다.

로펌은 보통 출근시간이 엄격하게 정해져 있지 않다. 오전 9시에서 9시 30분 정도까지 출근하는 것이 권장되지만, 보통은 오전 10시 정도에 출근을 하는 변호사들이 많다. 밤늦은 시간까지 업무가 이루어지는 특성상 정오가 지나 출근을 하는 경우도 종종 있다.

퇴근시간도 마찬가지로 엄격하게 정해져 있지 않아 변호사들마다 퇴근시간이 다양하다. 하지만 연차가 낮은 주니어 변호사들은 다소간의 차이에도 불구하고 보통은 밤 12시 정도가 되어야 퇴근을 하는 경우가 많다. 일이 많은 주니어 변호사들은 새벽 1~2시까지 일하는 경우도 다반사고, 경우에 따라서는 밤을 꼴딱 새는 경우도 있다.

보통 직장인들의 퇴근시간이 오후 6시라면, 로펌 주니어 변호사들의 퇴근시간은 보통 밤 12시다. '야근'이라는 개념도 없다. 특별한 일이 없으면 늦은 밤까지 일하는 것이 당연하기 때문이다. 누군가가 퇴근시간을 통제하는 것은 아니지만, 기본적인 업무량 자체가 많기 때문에 그 시간에 퇴근하지 않고서는 업무를 소화해낼 수가 없다. 나 같은 경우에도 보통 퇴근시간이 밤 12시에서 새벽 1시 사이였고, 이 시간에만 퇴근할 수 있으면 '감사하다'고 생각했다. 경우에 따라서는 새벽 3~4시까지 일을 하거나 밤을 새는 경우도 있었다. 가장 길게는 아침에 출근을 해서 그날은 완전히 밤을 새고, 다음 날 밤 11시 정도까지 계속 일을 해본적도 있다.

로펌 변호사의 하루는 매우 바쁘게 돌아간다. 특히 짧은 시간 동안 여러 가지 일을 동시에 처리해야 하는 경우가 많다. 예컨대 법원에 제출할 준비서면을 작성하다가 급작스레 의견서 작성 요청을 받고 의견서 초안을 서둘러 작성하기도 한다(이 경우 법원에 제출할 준비서면의 작성은 그 이후로 미루어지게 된다). 이와 같은 업무 중간에도 예정된 회의가 있으면 회의에도 참석해야 하고, 고객 등으로부터 수시로 전화 연락을 받기도 한다. 반대로 고객에게 전화를 하여 사실관계 등에 대해 문의하기도 한다.

이와 같이 정신없이 업무가 진행되는 과정에서도 이메일은 수없이 날아든다. 적게는 하루에 30~40통, 많은 경우에는 100통 이상의 이메일을 받는다. 업무를 하는 중간 중간에 수시로 이메일 내용을 확인하여 필요 없는 이메일은 삭제를 하고, 답장이나 조치가 필요한 이메일들은 즉시 그에 따른 조치를 취해야 한다. 반면 즉시 조치를 취할 필요가 없는 이메일의 경우에는 간단히 그 내용만을 확인해 둔 후 각 항목별로 나누어놓은 이메일 폴더에 저장을 해두었다가 업무시간이 끝난 저녁시간에 그 내용을 다시 확인하여 조치를 취한다.

이처럼 업무시간 중에는 각종 회의, 전화 통화, 이메일 확인 등으로 정신없이 돌아가기 때문에 시간 확보가 필요한 업무들은 보통 업무시간이 끝난 이후인 저녁시간부터 시작되고, 그 때문에 늦은 시간까지 업무를 할 수밖에 없다. 로펌에서의 업무는 고되고, 특히 연차가 낮은 변호사들의 업무는 더욱 고되다.

반면 로펌 변호사의 장점도 많다. 우선 업무에 대한 보상이 상대적으로 높은 수준이다. 로펌이 아니고서야 그 나이에 그 정도의 보수를 받는 곳은 거의 없을 것이다. 또한 선배 변호사와 후배 변호사의 관계가 상하관계라기보다는 서로 존중하는 관계다. 나이가 한참 어린 후배 변호사에게도 존대를 하는 경우가 많고, 설령 말을 놓는 경우에도 상대를 존중해준다. 서로를 프로페셔널로 존중하는 문화가 발달했기 때문이라고 생각한다. 20대 후반에서 30대 초반의 어린 나이에 사회생활을 하면서 존중을 받으며 일을 할 수 있는 것은 분명 큰 장점이다. 그리고 업무 강도는 세지만 그 과정을 통해서 단기간 동안 많은 것을 배울 수 있다는 점 또한 큰 장점이다. 좋은 쪽으로만 생각해보면 월급을 받으면서 해당 분야의 최고 전문가로부터 도제식 교육을 받는 것이니 그것 자체로 좋은 일이다. 전문직은 자신의 업무 능력이 곧 재산이기 때문이다.

경력법관 임용절차에 지원하다

처음부터 반드시 판사가 되어야겠다고 생각해본 적은 없다. 사법연수원 시절에도 법조인으로서의 다양한 진로에 대해 많은 고민을 했다. 다만 내가 사법연수원에서 진로를 결정할 무렵 법조일원화 제도가 시행되면서 곧바로 판사로 지원하는 것은 불가능하게 되었기 때문에 자연스레 변호사로 진로를 결정하게 되었다.

변호사 생활은 나쁘지 않았다. 업무가 고되기는 했지만, 변호사로 일하면서 많은 것을 배웠고, 전문성도 쌓을 수 있었다. 보수도 괜찮았다. 5년 동안 변호사로 열심히 일했고, 그 과정에서 업무적으로도 인정을 받을 수 있었다. 변호사로서 일하면서 일방 당사자의 억울함을 대변하는 일 또한 가치가 있는 것이었다.

하지만 변호사로서 업무를 하면서 어느 순간부터 일방 당사자의 억울한 사정을 재판부에 전달하고 설득하는 것을 넘어서 '이 사건에서 가장 공평타당한 해결책은 무엇일까', '내가 판사였다면 이 사건을 어떻게 판단하였을까' 하는 부분에까지 생각이 이르게 되었다.

어느 한 쪽의 편을 드는 것이 아니라 양쪽의 입장을 모두 고려하여 합리적이고 공정한 해결책을 제시해주는 역할을 해보고 싶다는 생각이 들었다. 또한 기업 관련 사건뿐만 아니라 개인들과 직접 소통하고 개인들의 삶을 들여다볼 수 있는 일을 해보고 싶다는 생각이 들었다.

진로를 변경한다는 것이 쉬운 결정은 아니었지만 오랜 고민 끝에 결정을 내렸다. 그렇게 5년차 변호사가 되던 해에 법원에서 진행하는 경력법관 임용절차에 지원을 하게 되었다.

⚾ 마지막 시험

경력법관 임용절차는 여러 단계로 구성되어 있다. 일단 서류전형이 먼저 진행되는데, 이 단계에서는 자기소개서 등을 통해 지원자의 법조경력에 대한 평가가 이루어진다. 즉, 지원자가 그동안 변호사 등으로 일하면서 해당 분야에서 구체적으로 어떠한 업무를 수행하였고, 어떠한 경력을 쌓았는지에 대한 평가가 진행된다.

이후 서류전형을 통과한 사람에 한해 법률서면 작성평가가 이루어지는데, 법률서면 작성평가는 두 차례(민사, 형사)에 걸쳐 약 네다섯 시간 동안 검토보고서를 작성하는 방식으로 이루어진다. 문제의 수준은 사법연수원에서 보는 시험보다는 난이도가 높지 않은데, 법률서면을 얼마나 논리적으로 작성하는지 여부에 대한 평가를 하는 것으로 생각된다.

이후에는 역량평가면접이 진행된다. 민사와 형사, 그리고 해당 지원자의 전문분야에 대하여 구체적인 법률지식을 묻는 방식으로 진행되는데, 각 분야별로 특정한 사례를 제시하여 약 30~40분 정도 각자 검토를 한 후 면접장에 들어가서, 처음 5~10분 정도는 해당 사례에 대한 결론과 논거를 면접위원들에게 발표하고, 이후 30분간은 해당 사례와 관련이 있는 면접위원들의 법률적 질문에 대해 답변을 하는 시간을 갖는다. 개인적으로는 역량평가면접의 난이도가 상당히 높았던 것으로 기억한다.

또한 역량평가면접과는 별도로 인성평가면접이 진행되고, 두 차례에 걸쳐 인성검사도 받는다. 이후 각종 의견조회절차(소위 말하는 평판조회) 등의 과정을 거친 후 최종면접을 보게 되고, 최종면접을 통과하면 비로소 법관으로 임용된다.

나는 사법연수원을 수료하면서 이후 내가 다시 시험을 보리라고는 생각해본 적이 없다. 그런데 경력법관 임용절차에 지원하게 되면서 다시 한 번 시험을 보게 되었다. 약 6개월이 걸린 길고 긴 임용절차였고, 준비하는 것도 만만치 않았다. 사법시험을 준비하는 과정이나 사법연수원에서의 과정과 같이 빡빡한 시험을 준비하는 것은 아니었지만, 개인적으로는 여러모로 힘이 많이 들었다. 각 단계마다 합격여부를 통보하는 방식이어서 각 단계를 지날 때마다 조마조마한 마음으로 합격통보를 기다릴 수밖에 없었던 것이 가장 힘들었던 것 같다.

여러 단계들을 거쳐 드디어 최종심사에 통과되었다는 이메일을 받게 되었다. 너무나 기쁘고 영광스러운 일이었다. 가장 먼저 2016년에 작고하신 아버지가 떠올랐다. 얼마나 기뻐하셨을까. 어떤 시험이든 시험을 준비하는 것은 언제나 힘들다. 경력법관 임용절차가 내 인생에 있어서 마지막 시험이었길 바라본다.

⚾ 새로운 시작

사법시험 준비를 시작한 이후 여러 번의 인상 깊은 시점들이 있었다. 바로 사법시험 2차에 최종 합격하던 날, 사법연수원의 입소식과 수료식, 변호사로서 처음 업무를 시작하던 날 등이다. 판사가 가지는 무게감 때문이었을까. 그중에서도 판사로 임관하던 날이 가장 감격스러운 순간이었다. 2017년 12월에 판사로 임관한 후 일산에 있는 사법연수원에서 4개월간 신임법관 연수를 받았고, 2018년 4월에 서울중앙지방법원에 배치되었다.

판사는 재판을 통해 어느 한 개인의 운명을 결정하기도 하고, 사회 전체에 큰 영향을 줄 수 있는 권한을 행사하기도 한다. 어렵고 무거운 자리다. 이제 또 다른 의미에서 출발점에 서게 되었다. 사회적 갈

등과 가치관의 충돌을 합리적으로 해결할 수 있는 균형감각과 공정한 안목을 갖추고, 당사자가 승복할 수 있는 재판을 하기 위해 또 다시 부단히 노력할 것을 다짐해본다.

합격을 위하여

막판 정리를 하라

고시 공부를 하면서 자주 들었던 말이 있다. '열심히 하는 놈은 머리 좋은 놈을 못 따라가고 머리 좋은 놈은 방금 본 놈(그 내용을 방금 공부한 사람)을 못 따라간다'는 것이다. 재미있으라고 누군가가 지어 낸 말이겠지만, 고시계에서 격언처럼 떠돌아다니는 것을 보면 상당히 일리 있는 말이다. 결국 막판 정리의 중요성을 강조한 말이라고 생각한다. 시험 보기 바로 직전에 공부한 내용은 무조건 맞힐 수 있기 때문이다. 공부를 '밑 빠진 독에 물 붓기'라고 하지 않던가.

수능시험을 공부하던 시절에는 수능을 한 달 정도 남기고부터 공부를 그렇게 열심히 하지 않았던 것 같다. 주위 사람들이 이런 말을 많이 했다. "이미 지금까지 공부한 것으로 거의 결판이 났기 때문에 지금부터 한 달 동안 열심히 해봐야 별로 차이가 나지도 않는다." 당시에는 그 말이 맞다고 생각했다. 하지만 지금 생각해보면 완전히 잘못된 생각이었다. 적어도 시험공부에 한해서는 막판 정리가 공부의 최종 목적지라고 보면 된다. 시험이 임박했을 때 짧은 시간 안에 교재를 반복해서 볼 수 있게 하는 것이야말로 시험공부의 요체라고 할 수 있다.

누차 강조하지만 사람의 기억력은 한계가 있다. 경우에 따라서는 단 몇 시간 만에 머릿속에서 사라져버리는 경우도 흔하다. 평소에 완전히 숙달된 내용이라면 시험이 임박했을 때 반복하지 않더라도 그 내용을 기억하는 데 큰 문제가 없지만 그렇지 않은 내용이 대부분인 경우도 상당히 많을 것이다. 따라서 시험에 근접한 시점에서는 그러한 내용을 반복적으로 학습하는 것이 매우 중요하다. 시험장에서의 단 하루를 위해 오랜 기간 시험 준비를 하며 쏟아 부은 시간과 열정이 결실을 맺기 위해서는 막판까지 계획을 철저히 세우고 이를 실천에 옮기도록 노력해야 한다.

자신감을 가지라

공부에서 가장 중요한 건 자신감이다. 공부 방법이 잘못되었음에도 다른 사람의 조언을 전혀 받아들이지 않는 고집불통이 되라는 것이 아니라, 자기만의 공부 방법에 대해 확신을 하고 결과에 자신감을 가지라는 뜻이다. 어떤 시험이든 결과는 불확실하다. 자신이 하는 공부와 그 결과에 대해 자신감이 없다면 가뜩이나 힘든 수험 생활이 더 힘들어진다. 나 역시 고시 공부를 하면서 가끔 자신감을 잃으면 슬럼프가 찾아왔다. '합격할 수 있을까' 하는 의문이 들기 시작하는 순간 생각이 많아지고 공부가 하기 싫어졌다.

결과에 대한 자신감은 수험생의 마지막 자존심이다. 의식적으로라도 스스로 주문을 걸어야 한다. '나는 할 수 있다'는 자신감과 포기하지 않는 자세를 매 순간 유지해야 한다. 특히 나에게 이 공부가 왜 필요한지, 내가 왜 이 공부를 해야만 하는지에 대한 명확한 목적의식이 있어야 한다. 목적의식이 있다면 힘든 수험 생활이 한결 수월해질 것이다. 지금부터라도 스스로 최면을 걸어라. '나는 할 수 있다'고.

집중력 있게 공부하라

나는 책상에 오래 앉아 있는 편이 아니다. 다른 사람들은 책상에 앉으면 식사 시간이 될 때까지 한 번도 일어나지 않을 때도 많은데, 나는 보통 한 시간 단위로 휴식을 취한다. 어느 방법이 반드시 옳다고는 할 수 없지만 책상에 앉아서 공부하다가 집중력이 흐트러졌을 때는 밖에 나가 바람을 쐬기도 하는 등 휴식을 취하고 다시 책상에 앉아서 공부하는 것이 적어도 나에게는 맞는 방법인 것 같다.

책상에 오래 앉아 있기만 한다고 해서 성적이 오르는 건 아니다. 얼마나 집중력 있게 공부를 할 수 있는가가 관건이다. 책상에 앉아 있는 시간 동안은 책 속에 완전히 빠져들어야 한다. 나는 잡생각이 드는 그 순간 책상을 박차고 일어나 휴식을 취하고 다시 책상에 앉았다. 매순간 집중력 있게 공부할 수 있도록 노력했다.

장시간 집중력을 발휘할 수 있다면 더할 나위 없이 좋겠지만, 사람의 집중력이란 게 한계가 있기 마련이므로 적어도 두 시간에 한 번 정도는 휴식을 취해주는 게 좋다. 다만 휴식 시간이 지나치게 길어지면 공부의 흐름이 끊어지므로 휴식 시간은 10분을 넘기지 않도록 유의하자.

에필로그

처음 출판 제의를 받고서 한참을 고민했다. 내가 이런 책을 쓸 자격이 있는 사람인지에 대한 고민이었다. 하지만 결국 글을 써야겠노라 마음먹은 것은 나와 비슷한 처지에 있는 전국의 수많은 꼴찌들 때문이다. 이들에게 최소한의 성실성과 노력만 있다면 누구나 공부를 잘할 수 있다는 사실을 보여주고 싶었다. 이 책을 읽는 사람 중에 아마 학창 시절 나보다 공부를 못했던 사람은 드물지 않을까 싶다. 나처럼 평범한 사람도 해낼 수 있다면, 이 책을 읽을 누군가도 충분히 해낼 수 있을 것이라 믿어 의심치 않는다.

책을 쓰면서 나 자신도 많이 반성하게 되었다. 당당히 책을 출간할 정도로 치열한 삶을 살았는지에 대해 부끄러움이 앞섰다. 그래도 자평을 해보자면, 때로는 방황하기도 하고 때로는 나태함을 달고 살기도 했지만, 전반적으로는 성실함을 잃지 않고 꿈을 이루기 위해 노력하며 살아 왔던 것 같다.

포기하지 않는 자세가 가장 중요하다. 때로는 흔들리고 때로는 포기하고 싶겠지만 큰 그림 속에서 앞만 보고 열심히 달려간다면 반드시 좋은 결과가 있을 것이다.

어렸을 때부터 아버지가 자주 해주신 말이 있다. "결과는 사람의 힘으로 어찌할 수 없다. 하지만 과정은 사람의 힘으로 만들어갈 수 있는 것이니, 네가 할 수 있는 일에 최선을 다한다면 결과가 좋지 않더라도 부끄러운 것이 아니다"라는 말이었다.

결과가 좋으면 더 좋겠지만, 내가 최선을 다한 이상 결과가 나쁘더라도 그것은 부끄러운 일이 아닐 것이다. 미천한 글재주로 책을 쓰느라 마음이 편치 않았다. 아무쪼록 이 글을 읽는 독자들에게 조금이나마 보탬이 되면 좋겠다.

공부는 어떻게 내 삶을 바꾸었나

ⓒ 이종훈, 2019

초판 1쇄 2019년 2월 22일 펴냄
초판 2쇄 2019년 5월 28일 펴냄

지은이 | 이종훈
펴낸이 | 이태준

기획·편집 | 박상문, 김소현, 박효주, 김환표
디자인 | 최원영
관리 | 최수향
인쇄·제본 | 대정인쇄공사

펴낸곳 | 북카라반
출판등록 | 제17-332호 2002년 10월 18일

주소 | (04037) 서울시 마포구 양화로 7길 4(서교동) 삼양E&R빌딩 2층
전화 | 02-325-6364
팩스 | 02-474-1413
www.inmul.co.kr | cntbooks@gmail.com
ISBN 979-11-6005-061-5 13370
값 14,000원

북카라반은 도서출판 문화유람의 브랜드입니다.
저작물의 내용을 쓰고자 할 때는 저작자와 북카라반의 허락을 받아야 합니다.
파손된 책은 바꾸어 드립니다.

이 도서의 국립중앙도서관 출판시도서목록(CIP)은 서지정보유통지원시스템 홈페이지
(http://seoji.nl.go.kr)와 국가자료공동목록시스템(http://www.nl.go.kr/kolisnet)에서
이용하실 수 있습니다. (CIP제어번호: CIP2019005663)